PIENSA POSITIVO, ACTÚA POSITIVO

Lleva tus pensamientos a la acción

ARNOLD FOX, M.D. y BARRY FOX, PH.D.

TALLER DEL ÉXITO

Piensa positivo, actúa positivo
Copyright © 2017 - Taller del Éxito - Arnold Fox, M.D. y Barry Fox, Ph.D.
Título original: Beyond positive thinking

Publicado por:
Taller del Éxito, Inc.
1669 N.W. 144 Terrace, Suite 210
Sunrise, Florida 33323
Estados Unidos
www.tallerdelexito.com

Editorial dedicada a la difusión de libros y audiolibros de desarrollo y crecimiento personal, liderazgo y motivación.
Diseño de carátula y diagramación: Giselle Selva Rodríguez
Traducción: Eduardo Nieto Horta
Corrección de estilo: Diana Catalina Hernandez

ISBN 13: 978-1607-3843-11

17 18 19 20 21   R|CL   06 05 04 03 02

CONTENIDO

INTRODUCCIÓN

POR JUDITH WILLIAMSON

Piensa positivo, actúa positivo. Lleva tus pensamientos a la acción, escrito por los doctores Arnold y Barry Fox, se puede leer como un solo libro o en conjunto con el otro libro de los mismos autores titulado *¡Despierta! Estás vivo*. Ambos libros hablan de vivir un estilo de vida positivo usando estrategias orientadas a la acción que ayudan a ver el lado abundante de la vida. Algunos insisten en que estas ideas no funcionan, pero la familia Fox es prueba de que te conviertes en aquello en lo que te concentras. Después de que leas las sentidas historias que abundan en este libro, podrás decidir si es así como quieres vivir tu vida o no.

Al leer esta obra, me cautivó la historia de Sally, una sobreviviente de los campos de concentración nazis, quien insistía en mantener una vela encendida en su mesa de noche mientras moría de cáncer en el hospital. Cuando le pidieron que explicara por qué eso era tan importante para ella, relató la historia de cómo logró mantenerse con vida en el campo de concentración siguiendo un ritual con una vela imaginaria y diciéndose a sí misma: "la luz siempre brilla en la oscuridad". Esta pequeña cantidad de autosugestión positiva le permitió sobrevivir al campo de concentración y ahora creía que la vela real la iba a ayudar a superar el cáncer. La pequeña acción de encender una vela y mantenerla encendida en su mesa de noche cambió su mundo exterior, pero lo más importante es que también cambió su interior. Las creencias positivas seguidas por acciones positivas crean resultados positivos.

En un libro titulado *El hombre en busca de sentido*, el sobreviviente al holocausto, Viktor Frankl, relata historias similares. Él concluye que lo que el ser humano sí puede controlar es su actitud y, con esta actitud, puede moldear su destino. Tomar la iniciativa personal necesaria para controlar nuestra actitud nos permite avanzar en el peregrinaje de la vida. Viktor Frankl y los doctores Arnold y Barry Fox demuestran que, para avanzar en la vida, las personas deben tomar primero la iniciativa de hacer algo al respecto. Ese "algo" se define como acción. Se dice que la acción es el cimiento del éxito en la vida de cualquier persona, porque, sin acción, todo lo demás carece de valor.

Al definir los logros personales, el doctor Napoleon Hill, autor de *Piense y hágase rico* y *La ley de éxito*, identifica cuatro principios que son la piedra angular del éxito. Estos son: la definición de propósito, el recorrer la milla extra, el hacer alianzas con mentores y la fe aplicada. Conocer los "cuatro grandes", forma en la que él denomina a esos principios, no es suficiente, a menos que la persona los vincule con acciones. Por ejemplo, una persona debe elegir un propósito principal claro y crear un plan de acción para alcanzarlo. Luego debe practicar el hábito de recorrer la milla extra. Después, debe organizar una alianza con un mentor para ir tras su propósito definido y, por último, debe tener su mente abierta a la dirección por medio de la fe aplicada. Sin la parte del proceso que implica "acción", la persona quedará soñando despierta como con una vela imaginaria. Pero, si implementa la "acción", enciende la vela con el cerillo y se inspira a más acción por medio de la iluminación mental que representa la vela en su mundo interior. Esta es una fórmula sencilla pero profunda en sus ramificaciones: pensamiento + acción = éxito.

¿Por qué no crear algunos rituales de éxito para ti? Pueden ser tan sencillos como encender una vela, llenar una taza hasta que rebose y notar la abundancia, hacer una caminata y deleitarse en la naturaleza, hacer listas de logros positivos en tu vida y siempre reconocer un poder superior por medio de la reflexión y la oración.

Con este libro, los doctores Arnold y Barry Fox han hecho un gran aporte al campo de la literatura motivacional. Han documentado testimonios personales que ayudan a dar pasos orientados a la acción para mejorar la propia perspectiva de vida. Como ya lo saben todos los lectores de este género, la única persona que puedes cambiar eres tú mismo. Cuando te cambias tú mismo, puedes ser ejemplo para otros y, por ende, para el mundo. Al leer este libro, piensa en la pequeña historia a continuación y deja que cree expectativas frente a lo que viene en tu vida, con la sabiduría de la acción.

Cuando era joven,

quería cambiar al mundo.

Encontré que era difícil cambiar al mundo, así que traté de cambiar a mi nación.

Cuando supe que no podía cambiar la nación, comencé a concentrarme en mi pueblo.

No pude cambiar mi pueblo y, ya siendo mayor, traté de cambiar a mi familia.

Ahora que soy anciano, entiendo que al único que puedo cambiar es a mí mismo. De repente veo que, si tiempo atrás me hubiese cambiado a mí mismo, habría podido impactar a mi familia.

Mi familia y yo habríamos podido impactar a nuestro pueblo. Su impacto habría cambiado la nación y, sin duda, habría podido cambiar al mundo.

-Monje desconocido, 1.100 D.C.

Como lo dijo un gran filósofo en una ocasión: "ve y haz tú lo mismo".

Bendiciones,

Judy Williamson

NOTA PARA EL LECTOR

*Este libro es el resultado de una
colaboración cercana entre los doctores Fox. Las
historias relatadas y las experiencias, a veces,
involucran a Arnold, otras, a Barry y, otras, a los
dos autores. Por conveniencia y claridad a lo largo
del libro, usamos la primera persona de Arnold Fox,
doctor en medicina.*

CAPÍTULO UNO

❧

MÁS ALLÁ DEL PENSAMIENTO POSITIVO

"Así vayas por el camino correcto, te arrollarán si te quedas quieto".

–Arthur Godfrey

"El pensamiento positivo es una cruel decepción". No podía creer lo que leía cuando lo vi escrito en una carta dirigida a los "doctores Fox" (Barry y yo). Algunas personas sienten que el pensamiento positivo son restos de los años sesenta. Algunos sienten que es bueno, pero que no tiene efectos reales sobre nuestra salud y nuestras vidas. Sin embargo, la mayoría de personas están de acuerdo en que nuestros pensamientos ejercen una fuerte influencia en nuestra salud y en nuestras vidas. Nunca habíamos escuchado a nadie decir que el pensamiento positivo es una cruel decepción.

Hablando en términos generales, la opinión pública y las investigaciones científicas respaldan que sí hay una fuerte relación entre la mente y el cuerpo, donde los eventos de uno afectan al otro. Hay toda una nueva rama en la ciencia médica, de tan solo doce años de edad, dedicada a estudiar los vínculos entre nuestros pensamientos y nuestro sistema inmune, la química de la sangre, el corazón y otras partes del cuerpo[1]. Barry y yo hemos escrito un poco acerca del pensamiento positivo y nuestro sistema inmunológico, nuestros corazones, nuestro colesterol, nuestra salud y nuestras vidas en general. Usualmente tenemos una recepción positiva.

El reverendo Norman Vincent Peale, quien suele ser llamado "el padre del pensamiento positivo", tuvo la amabilidad de escribir la introducción para uno de nuestros libros, *¡Despierta! estás vivo.* Luego imprimió apartes de este libro en su maravillosa revista llamada *"Plus, la revista del pensamiento positivo"*. El artículo titulado "Cree", preguntaba: "¿Puede la fe ayudarte a restaurar tu salud, vivir con gozo y llegar a ser un ganador?". La respuesta, desde luego, fue "Apuesta a que sí..."

Barry y yo nos sentimos muy orgullosos de que el doctor Peale publicara extractos de nuestro libro en su revista. Recibimos muchos comentarios favorables. Una mujer se recuperó de una enfermedad, salió del hospital en Minnesota y tomó un vuelo a Los Ángeles gracias a lo que ella llamó "la medicina del pensamiento". Sin embargo, mientras nos felicitábamos a nosotros mismos, recibimos una conmovedora carta de una acongojada mujer en Francia. Ella escribió:

Estimados doctores Arnold and Barry Fox,

Leí su artículo titulado "Cree". También leí el libro ¡Despierta! estás vivo.

Antes fui una firme creyente en el pensamiento positivo. Ahora creo que es un gran engaño. ¿Piensa que puedes y podrás? ¿Cree que sucederá y así será? El pensamiento positivo no es mejor que el "Elixir de la salud" del doctor Goodfeel que los curanderos vendían puerta a puerta antes de que los expulsaran de los pueblos.

He tenido cinco embarazos y todos han terminado en pérdida. Para el último embarazo, recibí un nuevo tratamiento por parte de mi médico. De verdad creí que iba a funcionar. Lo creía con todo mi corazón. Creí que finalmente íbamos a tener un bebé. Pero estaba equivocada. ¡Ser positivo no es suficiente! El pensamiento positivo es una cruel decepción.

Por favor reconsideren lo que aconsejan respecto al pensamiento positivo.

De inmediato leí la carta a Barry, el tercero de mis siete hijos. Después de leerla, Barry admitió que deberíamos reconsiderar nuestro consejo respecto al pensamiento positivo. Es esencial, dijo, queremos que todos piensen de manera positiva, pero, a veces, no es suficiente.

Creencia recubierta de dulce

La mayoría de nosotros estamos de acuerdo en que los pensamientos negativos nos pueden llevar a tener enfermedades físicas y estrés emocional. ¿Y qué se puede decir respecto al pensamiento positivo? ¿El pensamiento positivo contrarresta el pensamiento negativo? ¿El pensamiento positivo en sí mismo mejora nuestra salud física y emocional? ¿Puede aumentar el tamaño de nuestra cuenta bancaria? La respuesta es, sin duda, un sí absoluto (a veces).

Podemos demostrar que el pensamiento positivo es una de las fuerzas más poderosas dentro del cuerpo humano. Más adelante, veremos muchos de los emocionantes estudios que demuestran el vínculo entre nuestros pensamientos y nuestro sistema inmunológico, nuestro corazón, nuestras hormonas e incluso nuestro nivel de colesterol. Por ahora, considera el humilde placebo de las "píldoras dulces y sin valor" que nosotros los médicos usamos para probar nuevas medicinas. Algunos de los pacientes participantes en un estudio reciben "la verdadera medicina" que se está estudiando, mientras que otros reciben un medicamento placebo hecho para que tenga el aspecto y se sienta como si fuese esa medicina. Los pacientes no saben si están recibiendo el medicamento o el placebo.

Algunas medicinas suelen funcionar, otras, rara vez funcionan, pero el placebo siempre funciona en el 30% o más de los pacientes que sufren de toda clase de enfermedades y problemas. A veces, la "píldora de azúcar" tiene una tasa de "curación" que alcanza el 60%.

Un placebo es una "píldora de azúcar". No es nada, solo que el paciente cree que va a funcionar. Es una creencia recubierta de dulce. En miles de estudios, el placebo ha demostrado que el pensamiento positivo es una medicina poderosa.

¿Puede el pensamiento positivo ayudarte a tener mejor salud, vivir gozoso y ser un ganador? Apuesto a que sí (a veces). Reconsideremos nuestro consejo respecto al pensamiento positivo, dijo Barry. Digámosles a las personas que el pensamiento positivo es como gasolina: un tanque bien lleno no puede hacer gran cosa si no ponemos el pie en el acelerador y comenzamos a conducir. El pensamiento positivo hace que las acciones sean posibles. La acción da vida a nuestros buenos pensamientos. Pensamiento positivo, acción positiva.

Bailando en la centrifugadora

El pensamiento positivo decepcionó a la mujer francesa que deseaba mucho tener un bebé. ¿Qué se puede decir respecto a las acciones positivas? Llamé a mi amigo Jeff Steinburg, doctor en medicina y ginecólogo en Encino, California. Como especialista en Endocrinología Reproductiva e Infertilidad, Jeff es el director del Programa de Fertilización *In Vitro* del Centro Médico AMI, y es director del Instituto de Fertilidad de Encino. He conocido a Jeff desde que era un niño, su madre fue amiga mía en South Philly. Ya siendo adulto, Jeff llegó a ser uno de los mejores especialistas en fertilización *In Vitro* (bebés de probeta) de todo el país.

Después de describirle lo que esta mujer había escrito, Jeff me dijo: "Arnie, se han hecho tremendos descubrimientos con respecto a lo que está 'mal' en las mujeres que tienen pérdidas de bebés en repetidas ocasiones. Solíamos creer que la mayoría de las veces era un problema con el feto o que había algo malo en el ambiente que proporcionaba la madre y donde el feto crecía. Resulta que estábamos equivocados, en raras ocasiones esa es la causa de pérdidas repetidas.

Hemos descubierto que el problema yace con la interacción entre los tipos de tejido de la madre y el padre. Una porción del tipo de tejido del padre, que también se encuentra en el feto, normalmente debe 'decirle' a la madre que ha llegado un nuevo embarazo. Teniendo la información adecuada, se supone que el sistema inmune de la madre debe hacerse 'tolerante' al embarazo. Esto significa que su sistema inmune debería reconocer que, aunque el nuevo feto es 'ajeno' a ella, no debe ser atacado.

"En la mayoría de mujeres que sufren pérdidas recurrentes, el tipo de tejido del padre es tan similar al tipo de tejido de su esposa que esta señal de 'tolerancia' no es enviada a la futura madre. Sin la señal, la madre no logra producir un menaje de 'bloqueo' normal que le informe a su sistema inmunológico que no debe atacar al feto. No se producen anticuerpos de bloqueo protectores. Su sistema inmune ataca al feto como si fuera un enemigo.

"Al inmunizar a una mujer con una proteína específica del esperma de su esposo, podemos engañar a su sistema inmunológico para que produzca los anticuerpos de bloqueo necesarios, los cuales después impedirán que su sistema inmunológico ataque al bebé. Este método de inmunización ayuda a que el 88% de las mujeres que han perdido tres o más embarazos puedan tener un embarazo exitoso".

Le envié copias del estudio a la mujer, diciéndole que se los mostrara a su médico en Francia. Un año después, recibí una foto de la mujer, su esposo y su bebé recién nacida.

Ella tuvo que ir más allá del pensamiento positivo para poder tener a su bebé. El positivismo fue el trabajo de preparación, la acción fue el instrumento. Es verdad que, para mí, como médico, fue más fácil encontrar la acción correcta en este caso. Sabía a quién llamar. Pero ella misma pudo haberlo hecho. Pudo haber exigido más llamadas y cartas, y tarde o temprano habría encontrado los estudios que le ayudaron a tener una bebé.

El pensamiento positivo es importante, es absolutamente necesario. Sin una perspectiva positiva, no lo intentaríamos. La mujer francesa dejó de buscar, porque había perdido su positivismo. Pero, si no actuamos, no veremos progreso, y nuestra confianza positiva pronto se desvanecerá. Pensamiento positivo, acción positiva.

ACCIÓN MÁS DE 9.000 VECES

"Haz lo que puedas, con lo que tengas, donde te encuentres".
—Theodore Roosevelt

Las acciones pueden obrar milagros. En el verano de 1989, me encontraba en un gran salón de convenciones en Dallas, Texas, escuchando a un hombre joven enseñarnos acerca de la acción y el valor. Su nombre era W. Mitchel. Unos años antes, había tomado lecciones de aviación. Un día, mientras conducía su motocicleta de regreso a casa desde el aeropuerto, un camión lo arrolló. Mitchel quedó clavado debajo de su motocicleta, pero no tuvo heridas graves. Pensó que todo iba a salir bien cuando, de repente, su motocicleta explotó en llamas, quemando gran parte del cuerpo de Mitchel. Por fortuna, un conductor que pasaba por el lugar se detuvo de inmediato, tomó un extinguidor de incendios de su auto y apagó las llamas antes de que ellas mataran a Mitchel. El personal de emergencia llegó y Mitchel fue llevado al hospital.

El dolor de las quemaduras es horrible. He visto a muchos pacientes quemados retorcerse sobre sus camas de hospital en medio de la agonía, gritar pidiendo morfina, llorar por tener alivio y suplicar por la muerte. Recuerdo a un hombre que había sufrido terribles quemaduras, lo vi cuando era un estudiante. Él estaba (no sé cómo describirlo de otra manera) carbonizado, la piel y los músculos estaban quemados. Sintiéndome fascinado y con repulsión al mismo tiempo, toqué con suavidad un dedo de su pie lo más suave que pude. Cuando lo toqué, este se desprendió y se convirtió en ceniza, justo frente a mis horrorizados ojos.

Mitchel nos dijo que se había recuperado, así como cualquiera pude recuperarse de quemaduras así de graves. Las cicatrices nunca sanaron por completo, y había perdido algunos de sus dedos, pero las cosas se veían mejor. Aprendió a aceptar las cicatrices que lo habían desfigurado y a pasar por alto las miradas de los demás. Los negocios estaban creciendo, su vida social era buena. Retomó las lecciones de aviación, obtuvo varias licencias y calificaciones avanzadas.

Un día, llevaba en su avión a unos amigos para dar un pequeño paseo. Tan pronto despegaron de la pista y a tan solo 75 pies de altura, algo desastroso ocurrió. El avión comenzó a caer como si fuera una piedra. Cuando golpeó el suelo, Mitchel se preocupó por el fuego y gritó a los pasajeros: "¡Salgan, salgan!". Ellos salieron lo más pronto que pudieron hasta estar a salvo y luego fue el turno de Mitchel. Él comenzó a moverse, pero nada sucedió. No podía saber por qué, pensó que debía esforzarse más. Seguía tratando de salir, esforzándose lo que más podía, pero su cuerpo no respondía. No podía entender por qué no podía salir de los restos del avión, no estaba atascado. Luego lo comprendió. Estaba paralizado. No importa cuánto lo intentara, sus piernas no se iban a mover.

En los días y semanas después de ese accidente, se preguntó una y otra vez: "¿por qué yo? ¿Qué hice para merecer esto?" En medio de todas las pruebas, los médicos y las terapias, siempre se preguntaba: "¿por qué yo?"

Y ahora, en el verano de 1989, estaba sentado frente a nosotros en su silla de ruedas, en el escenario, hablando ante un salón lleno. Vimos y escuchamos a un hombre fuerte, un hombre que no iba a dejar que nada lo detuviera. Contuvimos el aliento cuando dijo: "Antes podía hacer diez mil cosas". Hicimos una ovación de pie cuando dijo con mayor fuerza: "¡Ahora puedo hacer *nueve* mil cosas!" Lo dijo con una sonrisa, con orgullo, porque nos estaba diciendo que estaba viviendo la vida a plenitud, estaba lleno de acción, con o sin silla de ruedas. "Si hago tan solo una fracción de las nueve mil cosas que puedo hacer, entonces estoy viviendo la vida al límite".

Con quemaduras, sin algunos dedos, paralizado y confinado a una silla de ruedas, Mitchel sigue siendo un hombre de acción. ¿Cuántos de nosotros podemos hacer nueve mil cosas? Con dos piernas, sin tener quemaduras, ¿cuántos de nosotros podemos hacer nueve mil cosas? ¿Cuántas cosas hacemos? ¿Cuánta acción podemos realizar? ¿Diez cosas, veinte, cincuenta, cien? Ese es el límite que, sin saberlo, ponemos sobre nuestras vidas. Muchos ni siquiera podemos *pensar* en nueve mil cosas, mucho menos *hacerlas*. Mitchel no se preocupó por lo que no podía hacer. Sus ojos estaban puestos en lo que *sí* podía. Mitchel podía ver nueve mil cosas excelentes para hacer. ¿Y qué de las otras mil, las cosas que ya no podía hacer? No desperdiciaba tiempo pensando en eso.

Si alguien podía tener una excusa para encerrarse en una habitación oscura y maldecir al mundo, ese era Mitchel. Sin embargo, él era un hombre positivo. Mitchel creía que las cosas podrían mejorar algún día. Él creía que podía recuperarse, que se *iba* a recuperar. Y así lo hizo, porque actuó. Se sometió a tratamiento médico, continuó con sus lecciones de aviación, volvió a trabajar.

El pensamiento positivo fue esencial para la recuperación de Mitchel, pero esa fue solo la mitad de la ecuación. Pensamientos positivos *sumados* a la acción.

PENSAMIENTOS POSITIVOS, ACCIÓN POSITIVA: LA PERSONA PPAP

"Si alguna vez necesitas una mano que te ayude, encontrarás una en el extremo de tu brazo".

–Proverbio judío

Durante mis más de treinta años como médico de medicina interna y cardiología, he visto a muchas personas usar su pensamiento positivo para vencer sus enfermedades y cambiar sus vidas. En los viajes que Barry y yo hacemos por todo el país, las personas nos dicen que el pensamiento positivo es una medicina. Con todo, muchos otros nos dicen que no es suficiente. Dicen que han intentado pensar de manera positiva, que han recitado afirmaciones positivas todos los días, pero no han podido eliminar su negatividad, sus dudas, ira, temores y frustración. Son personas que saben que sus pensamientos son parte importante para su salud, pero sencillamente no han podido explotarlos.

"Dame más", nos piden. "Quiero hacer nueve mil cosas. Mira, me pondré como meta hacer cinco mil cosas. Dame otra madera, dame algo extra".

Para muchas buenas personas, como la mujer francesa que deseaba tener un hijo, el pensamiento positivo no fue suficiente. El "algo" que muchos necesitamos se llama acción.

Creando los hechos

Quienes encontramos que el pensamiento positivo no es suficiente, debemos sumar acción a la ecuación. Pensamientos positivos, acción positiva. Buscar la respuesta es una acción positiva. Perdonar a alguien es una acción positiva. Postularse a un nuevo empleo, desarrollar una nueva habilidad, hacer las preguntas correctas, ir a alguna parte, todas estas pueden ser acciones positivas. Desear tener la respuesta, saber que la respuesta está allá afuera es un gran comienzo. Ahora debemos salir a buscar la respuesta.

Actuamos con el fin de "crear los hechos". El hecho de que no podamos tener un bebé es inaceptable. Actuamos para crear un nuevo hecho. La respuesta no siempre está disponible, y puede que no sea la respuesta que deseamos. Pero, si no actuamos, no encontramos las respuestas correctas, que por lo general están allá afuera. Hace muchos años, mi esposa Hannah y yo recibimos la dura noticia de que nuestro tercer hijo pasaría su vida en una ceguera casi total. Todas las autoridades nos dijeron que eso era un hecho. Yo todavía me encontraba estudiando medicina. Y creí lo que me dijeron. Pero Hannah no. Ella creyó que Steven iba a poder ver algún día y de alguna manera. Ella lo creyó. Punto. Cada una de las muchas respuestas negativas que recibía de los médicos, fueran grandes o pequeñas, la acercaban más al "sí" que le dio la vista a nuestro hijo. Los pensamientos positivos sumados a la acción terminaron llevándola a un médico con una nueva idea. Treinta años después, al escribir esto, Steven y su socio están corriendo para organizar los muebles de sus nuevas oficinas de abogados Laing y Fox. ¿Por qué el apuro? Steve tiene que seguir adelante, hoy en la tarde tiene un juego de raquetball.

Todos somos creyentes

"Esa es una gran historia", algunos dicen cuando les relato la insistencia de mi esposa para lograr que nuestro hijo pudiera ver. "Pero ella ya era una mujer positiva. Es fácil actuar si ya tienes fe, pero yo no la tengo".

Todos tenemos fe. La mayoría de nosotros tenemos una fe enorme. Por desgracia, muchos tenemos una fe negativa. *Sabemos* que no va a funcionar, *sabemos* que no tenemos lo que se necesita, *sabemos* que vamos a fracasar. Somos creyentes. Creemos en las cosas equivocadas. Muchas de las cosas malas que atraemos hacia nosotros podrían convertirse en buenas si concentramos el tremendo poder de nuestra fe en una dirección diferente.

Mitchel, el piloto, tenía una gran fe y saltó a la acción. Pero, ¿qué si tenemos una fe negativa?, ¿qué hacemos si nos resulta difícil actuar? ¿Podemos cambiar nuestra fe? ¿Podemos romper con la adicción a la negatividad? ¡Apuesto a que sí podemos hacerlo! Con acción. Pero, a veces, es necesario otro tipo de acción.

La luz siempre brilla en la oscuridad

Aprendí sobre la fe y la acción, una clase de acción inusual, con una pequeña y frágil mujer que conocí hace muchos años, cuando acababa de terminar mi entrenamiento en medicina. Sally, una sobreviviente de los campos de concentración nazis, estaba entre otras veinte mujeres en un pabellón de hospital, se encontraba muriendo de cáncer. Su piel era como de color cera, su cabello corto caía inerte sobre su cabeza, pero era obvio que había sido una hermosa mujer.

Sally era considerada una paciente muy problemática, en especial en ese entonces, cuando se suponía que las personas debían someterse en silencio a cualquier tratamiento (o falta del mismo) que los médicos consideráramos adecuado. Sally "no cooperaba". Exigía que se le dijera cuál era el contenido de cada jeringa antes de dejar que la enfermera le pusiera una inyección, insistía en que se le justificara cualquier prueba que se le realizaba antes que esta se hiciera, tenía que saber cuál era la acción de cada medicina. Se quejaba por la comida, la mala ventilación en el pabellón, la cama incómoda. Y, para completar, insistía en mantener una vela encendida en su mesa de noche. Siempre que pasaba por el lado de su cama, había una vela encendida. Asumí que la tenía ahí como un consuelo religioso.

Poco después, los médicos, enfermeras y técnicos entendieron que era más fácil atender sus exigencias en lugar de discutir con ella. Además, todos "sabían" que en poco tiempo iba a morir. Observé que uno de los médicos principales había escrito en el registro de ella "CACEH". "CACEH" significaba "comiencen a cavar el hoyo". Era su manera de decirles a los otros médicos que no había esperanza.

Tarde, una noche, cuando todos se habían ido a casa, cuando una o dos enfermeras solitarias cuidaban de las veinte mujeres y cuando los ronquidos se mezclaban con tos pesada, lamentos y quejidos, me senté al lado de Sally para escuchar sus aventuras en los campos de concentración. "Fui prisionera política", me dijo, "una tonta niñita atrapada con mis amigos antes de que hiciéramos algo, así de incompetentes éramos".

Después de describir algunas de sus aventuras, le pregunté cómo había sobrevivido a los campos, tratando de imaginar a la joven siendo arrastrada de un tren o camión a un infierno. Le pregunté cómo había sobrevivido al hambre, a las fuertes golpizas, a los trabajos forzados, a la exposición ante la nieve de invierno, protegida con unos pocos harapos.

Sally me dijo que quienes sobrevivieron fueron los que creyeron que iban a sobrevivir. Hoy diríamos que ellos eran personas de pensamiento positivo. Quienes no lo creyeron, explicó ella, murieron rápido. Los creyentes siempre miraban, negociaban y maquinaban cómo obtener un trozo de pan adicional, un pequeño trozo de tela o papel para poder mantenerse calientes, una mejor litera, un pequeño pedazo de jabón para bañarse. Los creyentes tomaban todo lo extra que podían tener.

Quienes no creían que podían sobrevivir tenían una mirada en sus ojos, explicó ella. Podías decir que tenían fe, una fe negativa. Ellos *sabían* que iban a morir. Nunca buscaban una migaja adicional para comer, ese trozo de papel para poner en un zapato que les quedaba pequeño y les lastimaba los pies hasta hacerlos sangrar. Quienes no buscaban, desde luego, nunca veían sus oportunidades. Incluso, en un campo de concentración, había algunas oportunidades, claro está, muy pocas, pero *algunas*.

"Entonces, desde el comienzo, debiste haber creído que lo ibas a lograr", dije, maravillado ante la fortaleza de la joven Sally.

Su respuesta me sorprendió: "No. Pensé que iba a morir en una semana. Algunas de las otras mujeres trataron de enseñarme a sobrevivir, pero sabía que iba a morir. No lo intenté".

"Si no lo intentaste, ¿cómo te mantuviste con vida?"

En su manera de hablar con rodeos (¡algo muy frustrante para un joven que quería respuestas ahora mismo!), Sally me dijo que su fe pasó de ser negativa a positiva. Una mujer mayor, prisionera veterana, hizo que Sally se uniera a ella en un pequeño ritual que hacía todas las mañanas y todas las tardes. Quitándoles a los nazis algunos segundos de tiempo dos veces al día, las mujeres encendían una vela imaginaria con un cerillo imaginario. Al poner la vela imaginaria en una lámpara que no existía, daba un paso atrás y admiraba la llama que no estaba ahí. Rodeada de inmundicia, hambre, mujeres enfermas que con probabilidad no iban a soportar el cambio de la estación y con el hedor de la muerte siempre en el aire, ella hacia el mismo ritual susurrando "la luz siempre brilla en la oscuridad".

Ese esqueleto de mujer, debilitada por quién sabe cuántos años en el campo de concentración, obligó a Sally a "encender" su propia vela siempre que tuviera la oportunidad. La mujer y la niña "encendían" sus velas con su imaginación mientras se paraban en las filas a la espera de ser contadas, mientras marchaban hacia el trabajo y de regreso, mientras estaban en sus literas en la noche.

"Lo divertido" me dijo Sally, "es que de alguna manera ese sinsentido me hizo creer que podía sobrevivir. Tú eres médico, sabes mejor, pero creo que podemos cambiar lo que pensamos, así al comienzo no creamos. Es por eso que ahora conservo la vela conmigo. Encender una vela real es mucho mejor que la vela mental. Así que todos los días la enciendo y digo 'la luz siempre brilla en la oscuridad'. Así es como voy a superar este cáncer".

En realidad, pensé que estaba un poco loca. Recién graduado como residente en medicina interna conocía todo acerca de las últimas medicinas y procedimientos. Sabía, de hecho, que encender velas imaginarias no alteraría en nada la química del cuerpo. Pocos minutos después, me llamarón para atender una emergencia en otra parte del hospital. Absorbido por la cantidad de pacientes y consultas, y corriendo de un hospital a otro, olvidé a Sally y su vela. Pocos días después, noté que había otra persona en su cama. Me dije que debía preguntarle a la enfermera qué le había sucedido a esa dura mujer y su vela, pero olvidé hacerlo. Nunca supe qué le sucedió.

Estaba muy ocupado como para recordarlo en ese entonces, cuando no entendía cómo una joven se pudo salvar con una vela que solo existía en su mente. Años después, cuando las personas me preguntaban cómo podían actuar si no creían, recordaba a Sally y su vela imaginaria. También pensaba en la vela real que luchó por tener a su lado. Encender una vela era una acción. Pero en lugar de cambiar el mundo exterior, esta acción estaba diseñada para cambiar el mundo interior de Sally, el mundo de sus pensamientos. Al comienzo, ella no podía actuar, porque no creía. Así que actuó para crear confianza, luego actuó para sobrevivir.

La luz siempre brilla en la oscuridad. La luz de nuestra acción puede brillar en la oscuridad de nuestra incredulidad.

Dos tipos de acción

Mitchel, el piloto, estaba lleno de acción. Él podía hacer nueve mil cosas. Su acción estaba dirigida hacia afuera, en especial estaba orientada hacia sus metas. Tuvo terapia física después de los accidentes, volvió a trabajar y siguió con sus lecciones de aviación. Tenía pensamientos positivos y tomó acciones positivas.

Sin embargo, hay otro tipo de acciones que tienen el mismo poder, pero cuyo contenido e intención son diferentes. Una acción poderosa es encender una vela imaginaria, una pequeña llama que tiene todo el poder para iluminar la oscuridad de un campo de muerte. Se trata de una acción simbólica dirigida al interior. En lugar de cambiar algo en el mundo "real", este tipo de acción busca cambiar nuestro mundo "interno".

La acción de Mitchel es hacia afuera, la de Sally es hacia adentro. Mitchel actúa porque cree. Sally actuó para creer. Con el paso de los años, personas como Sally han encontrado sus propias acciones simbólicas personales dirigidas al interior y diseñadas para dar vida a sus pensamientos positivos.

Cada mañana, una mujer con cáncer terminal, una mujer con quien los médicos nos habíamos dado por vencidos, tomaba una hermosa copa de vino. En ella, estaban escritas las palabras: "mi copa está rebosando". Acostada sobre su cama de hospital, literalmente llenaba su copa con agua hasta dejar que corriera por su mano. No solo se decía a sí misma que su copa rebosaba, sino que lo veía y lo sentía. Pasó de creer a hacer que sus pensamientos fueran tangibles. Nosotros los médicos le dijimos que fuera a casa y que muriera allá. Ella insistió en someterse a una cirugía, la cual habría acabado con su vida, pero sobrevivió. Venció al cáncer, el cáncer que nosotros los médicos habíamos declarado incurable. Como Sally, esa mujer postrada en cama y con cáncer, usó esa acción simbólica, dirigida hacia su interior, para crear la confianza de que podía sobrevivir.

Las acciones "internas" son como hacer una pintura, una imagen de lo que quisiéramos que sucediera. Las "internas" están diseñadas para evocar las condiciones y la creencia que hace que las otras acciones sean posibles. Las "internas" son una orden para creer, un mandato que se puede escribir, como si fuera en piedra, sobre nuestro subconsciente.

Recuerdo a una joven con discapacidad de desarrollo que, en su habitación, conservaba una caja de zapatos llena de pequeñas piedras pulidas. Todos los días tomaba la caja para llenar sus manos de piedras, cada piedrecilla representaba algo que podía hacer. Nunca aceptó la vida limitante que, según muchos, estaba condenada a vivir. Todos los días tomaba nuevos puñados de "posibilidades" para recordarse a sí misma que la vida era tan grande como sus creencias. Sí, había nacido con limitaciones, pero todos los días tomaba un nuevo manojo de posibilidades y, todos los días, de forma figurada, daba otro paso hacia adelante.

En sí mismo, el acto de encender una vela o llenar una copa hasta que rebose el agua no fortalecerá tu sistema inmunológico, así como el tomar un puñado de piedras pulidas no te hará más inteligente. Esas acciones son símbolos… no, son *más* que símbolos, son representaciones concretas de pensamientos, proyecciones, imágenes de la mente hechas realidad. Se trata de imágenes del pensamiento, pinturas tridimensionales de nuestro efímero mundo interior que tienen vida, movimiento y que respiran. La mujer que superó el cáncer me dijo que su acción (llenar su copa hasta que rebosara) no solo reflejaba lo que creía, sino que fortalecía su confianza. A veces, dijo, el acto mismo creaba nuevas capas de confianza. "Después de que el quinto doctor me dijo, en esencia, que volviera a casa a morir", explicó, "me resultó difícil tener pensamientos maravillosos. Así que actué. Tomé mi copa y dejé que rebosara. Miré cómo rebosó. Sentí el agua correr por mi mano por mucho tiempo. Por último, comencé a pensar en volver a vivir".

Las "acciones internas" tratan con lo posible, lo deseado, el futuro. Ayudan a crear la misma creencia que hace que la acción sea posible. Llenas tu copa hasta que rebose después de escuchar que el cáncer ha secado tu copa de vida, porque necesitas crear esa creencia. Enciendes una vela en la oscuridad, pues no puedes ver las posibilidades de supervivencia.

Algunas personas se burlan de la acción "interna". Dicen que es algo tonto, es un sinsentido de hadas de los años sesenta. ¿Cómo el hecho de encender una vela o servir agua en una copa puede compararse con la acción de antibióticos o de una cirugía? Como verás, la acción, tanto hacia adentro como hacia afuera, se compara muy bien con las herramientas tradicionales de la medicina. De hecho, es muy similar. Nuestras vidas físicas dependen en gran medida de lo que sucede en nuestras mentes. Toda pintura creada por un pensamiento afecta de forma directa a nuestros cuerpos.

Este libro se trata de hacer. Examinaremos y prescribiremos todo tipo de acción. Descubrirás cómo aprender a creer en ti mismo y cómo usar esa confianza para hacerte más saludable, más inteligente, más exitoso e incluso más atractivo. La clave es ir más allá de solo creer: *Pensamientos Positivos, Acción Positiva (PPAP).*

Se dice que una imagen es mejor que mil palabras. Nosotros decimos que una imagen crea mil pensamientos. E incluso, si una acción creara tan solo un pensamiento, si es la correcta, puede transformar tu vida.

Rx: ¡ACCIÓN!

"El límite a nuestra realización futura son nuestras dudas de hoy".

–Franklin Delano Roosevelt

Nuestra prescripción para la salud, la felicidad y el éxito comienza con la acción. La buena nutrición, el buen cuidado médico y muchas otras cosas también son necesarias, ¡pero todo comienza con la acción! El hombre que podía hacer nueve mil cosas tenía todas las razones para cubrirse la cabeza y morir. En lugar de hacer eso, actuó, realizó acciones físicas, mentales y emocionales. Así fuera por sí solo o con la ayuda de otros, ¡él actuó! La chica lanzada a un campo de concentración "sabía" que iba a morir. Alguien más la obligó a actuar como si fuera a vivir. Al comienzo, no lo creyó. Encendía la vela imaginaria porque tenía que hacerlo, pero, a su tiempo, el simple acto cambió lo que creía.

Vamos a darte herramientas para ayudarte a crear confianza, para luego ir más allá con acciones. Para cuando termines este libro, tendrás una lista de cosas externas para hacer, tales como reconciliarte con alguien, buscar a un viejo amigo, hacer una nueva hoja de vida y cosas similares. También tendrás una serie de acciones hacia adentro que puedes hacer parte de tu cotidianidad, tales como llenar tu copa hasta que rebose, y sentir, de manera literal, el agua fluyendo.

Encendiendo la oscuridad

La luz siempre brilla en la oscuridad. Una pequeña chispa de convicción puede desvanecer la oscuridad del temor. Encendamos la oscuridad. En la noche, durante la madrugada o en el día, teniendo las cortinas cerradas, enciende una vela. Una vela sencilla servirá. En la oscuridad, mientras miras tu vela, sostén tus manos sobre la misma, con las palmas hacia arriba, descansando una sobre la otra. (Sostenlas a suficiente distancia de la llama, de modo que no te quemes). Observa que tus palmas están oscuras. Ahora separa las manos, gíralas hasta que tus pulgares estén hacia arriba. Junta los dedos como sosteniendo una copa y baja las manos hacia la llama. Sostenlas a los lados de la misma, a suficiente distancia como para sentir un poco del calor (pero no demasiado cerca). Observa que las palmas de tu mano, al estar frente a la llama, están iluminadas. Es como si sostuvieras la luz de la confianza en tus manos. Mira tus manos llenas de luz y di lo siguiente:

¿Cuáles son mis límites, dónde estás mis fronteras, dónde queda el borde de mi universo? El borde está al final de la luz, la luz que sostengo en mis manos.

¿Qué tan lejos puedo ver, cuánto puedo saber, qué tan profundo es mi entendimiento? Los misterios oscuros se aclaran ante la luz, la luz que sostengo en mis manos.

¿Qué tan profundo me atrevo a ir?, ¿cuánto puedo soportar?, ¿dar otro paso es un paso demasiado lejos? Las cargas de hielo se derriten ante la luz, la luz que sostengo en mis manos.

Al extender mis manos, mi mundo se abre, mi mundo es tan grande como lo que puedo alcanzar. Abro mis manos, abro mi mundo. Me abro al amor, la acción y el gozo.

¿Cuáles son mis límites?, ¿cuánto puedo conocer?, ¿dar otro paso es ir demasiado lejos?

No hay límites, no hay fronteras, no hay fin si sostengo la luz en mis manos.

¿Encender una vela te parece un poco absurdo? Hay quienes así lo creen. Sally pensó que encender una vela imaginaria era algo que no tenía ningún sentido, pero, *¡funcionó!* Las acciones "internas" crean confianza y, cuando se tiene confianza, muchas cosas son posibles.

P.D. Sobre ser un héroe

Muchos de nuestros grandes héroes han sido hombres y mujeres de acción. Así como algunos de los más pequeños. Hace años, cuando entrenaba a la liga infantil de los Dodgers en el parque Roxbury de Beverly Hills, conocí a un héroe, un héroe de la vida real llamado Mark. Mark era un niño de ocho años de edad, de espalda ancha, gran sonrisa, cabello rizado oscuro y parálisis cerebral. La parálisis cerebral es un término descriptivo que los médicos usamos para una variedad de trastornos motrices del cuerpo que se dan debido a daños cerebrales durante la gestación. Aunque las víctimas tienen inteligencia normal, su parálisis cerebral produce un tipo de parálisis espástica de varias partes del cuerpo, temblor y otros problemas.

Los otros niños solían reírse cuando lo veían tratar de batear o lanzar una pelota. Los demás estaban desarrollando movimientos suaves y fluidos, pero los brazos y las manos de Mark temblaban todo el tiempo. Ellos se reían cuando corría a primera base, como si fuera un cruce entre un ebrio y el Hombre de hojalata. Lo llamaban "Spaaaaaz",(así es como lo decían, "Spaaaaaz", alargando la "a"). Pero, desde el momento en que lo conocí, me sentí interesado por este chico de gran sonrisa que no dejaba de saltar y de decirme que iba a ganar un trofeo.

La temporada fue emocionante y exitosa para nosotros los Dodgers, excepto para Mark. Él deseaba mucho lograr batear, pero nunca estuvo cerca de hacerlo. No podía atrapar la pelota si la lanzabas directo a su guante. Todos le decía a Mark que era un perdedor. Cuando pasaba al bate, el otro equipo gritaba

"¡SPAAAAZ! SPAAAAZ!" Con todo, Mark creía en sí mismo, y siempre se comportaba según lo que creía. Él actuaba llegando temprano a cada práctica y a cada juego, con un guante en su mano temblorosa, una pelota en la otra y siempre ansioso y emocionado. Nunca dejaba de practicar, atrapar, lanzar, batear, correr. Soportaba muy bien las inevitables decepciones, las burlas y los insultos. En ocasiones, su gran sonrisa se disipaba (se quemaba) ante la crueldad de los otros chicos. Yo no permitía que mis hijos se burlaran de él, pero no podía controlar a los demás chicos o a los padres en las graderías. Ellos, quizás, eran los más crueles.

Una, y solo una vez, Mark salió llorando del campo, con las burlas de los otros chicos haciendo eco en sus oídos. Cuando lo alcancé, me dijo que deseaba mucho poder batear, ser un gran beisbolista. Por una sola vez en su vida, él quería ser el héroe. Yo le dije que ya lo era. Cualquiera con la suerte suficiente para nacer con talento pude batear. Sin embargo, se necesita tener algo especial para ser ponchado mil veces y seguir sonriendo.

El chico dejó de temblar. Se limpió las lágrimas y me dio una gran sonrisa de gratitud. Luego dio la vuelta y volvió al campo.

Llegamos al último juego de la temporada. Si ganábamos, llegaríamos a la final. Mark pasó al bate teniendo las bases llenas y salió ponchado. Alguien del equipo contrario bateó una pelota hacia él que era fácil de atrapar, pero la perdió. Los otros chicos me rogaron que sacara a "Spaaaaaz" del juego. Los padres en las graderías me lo exigieron: "Este es un juego importante", decían, "es para pasar a la final. ¡Sienta a Spaaaaaz!"

Ellos tenían razón. Ya había dejado jugar a Mark un par de entradas, había tenido un turno al bate y también de jugar en el campo. Y este era un juego importante. Cualquier entrenador razonable habría sacado a Mark del juego en ese punto. Pero él había practicado más y con más esfuerzo que cualquier otro chico de la liga. Mantenía su cabeza en alto cuando los demás trataban de destruirlo. No se daba por vencido. Así que dejé a Mark en el juego.

En otros dos turnos al bate, él salió ponchado y cometió más errores. Nos estaba haciendo perder el juego, nuestra oportunidad para llegar a la final. Era la última entrada, las bases estaban llenas y teníamos dos ponchadas en contra. Necesitábamos anotar una carrera para mantenernos con vida y dos para ganar. Mark pasó al plato y ellos gritaron "Spaaaaaz" y "sacúdelo".

Sus brazos y piernas temblaban mientras esperaba el lanzamiento. Lanzó un poderoso golpe, uno que enviaría a la pelota por encima de la cerca. La pelota corrió por tercera base y apenas se movió. Quedamos asombrados, lo había logrado, había bateado la pelota. En retrospectiva, no creo que haya bateado la pelota. Creo que la pelota golpeó su bate. Todos quedamos asombrados mirando. Mark corrió dando tumbos hasta primera base, agitando sus brazos y piernas. El lanzador y el jugador de tercera base finalmente se movieron para buscar la pelota. Era como una de esas escenas de película en la que todo es en cámara lenta. Mark corriendo para llegar a primera base, el lanzador tomando la pelota, girando y lanzándola.

¡Mark llegó primero! Logró batear, impulsó dos carreras y ganó el juego. Los otros compañeros de equipo salieron de la banca, le dieron palmadas en la espalda y lo abrazaron. Mark no dejaba de saltar, gritaba de gozo y por su cara corrían lágrimas. Si alguien me hubiese mirado, me habría visto llorando con él.

Ralph Waldo Emerson dijo que un héroe es alguien que soporta cinco minutos más. ¿Y qué hace mientras soporta? ¡Actúa! Así sus acciones no sean más que rehusarse a renunciar, está actuando. Mark fue un gran héroe. Él soportó toda una vida.

¿A dónde han ido todos nuestros héroes? Están allá afuera. Solo tienes que saber a dónde mirar. Creo que todos podríamos ser héroes si creyéramos en nosotros mismos y si actuáramos de manera consecuente con lo que creemos.

Sostén la luz en tu mano.

CAPÍTULO DOS

⮠

LA PARÁBOLA DE LOS RETAZOS

"La vida no concede mayor placer que el de superar las dificultades...".

—Samuel Johnson

Siendo un niño de 6 años, yo deambulaba por las calles de South Philly usando una desgastada chaqueta de pana color amarillo. Me sentía orgulloso de esa chaqueta. Tenía una cremallera en la parte de adelante y los puños eran elásticos, era lo mejor para el año de 1934. Cada manga tenía tres botones, justo sobre los puños. En mi mente, esos botones desgastados no colgaban de un hilo en los puños. Y no eran discos de madera rotos, sino brillantes estrellas, las estrellas de un mayor general. Cuando me ponía esa chaqueta, ya no era un niño pobre que vivía en habitaciones de pensiones sin calefacción, ¡era el Comandante en jefe! A menudo, en medio del terrible frío, hacía que algunos de los niños más pequeños del vecindario se organizaran en fila y los hacía marchar por la nieve de un extremo a otro de la calle South Reese. Los chicos más grandes sonreían al verme pasar con mi pequeño ejército, poniéndose firmes para prestar atención y dando saludos de burla.

Me sentía orgulloso de esa chaqueta amarilla de pana, pero también me avergonzaba un poco. Esperaba que nadie supiera el "secreto" de mi chaqueta. Durante la depresión, nosotros vivíamos en South Philly, la parte más pobre de Filadelfia. La mayoría de mis amigos eran de familias que ahora llamaríamos de clase "trabajadora pobre". Sus papás tenían algún tipo de trabajo (carnicero, panadero, conductor de camión o de taxi). Apenas podían ganar lo suficiente como para pagar la renta de una pequeña casa, aunque el precio era de solo unos $10 dólares. En sus casas, el piso no tenía cubierta, aunque había algunas pocas casas que tenían linóleo, una sustancia plástica fría que tenía un llamativo diseño impreso en ella. Las láminas servían como bloqueos para las ventanas. Norman era el "más rico" de mis amigos. Su padre era plomero, y su casa tenía verdaderas sombras para las ventanas, había alfombras y un pequeño porche. Yo pensaba que eso era vida.

Ellos eran los trabajadores pobres, mientras yo era de los pobres que "a veces trabajaban". Me sonrojaba siempre que alguien mencionaba mi chaqueta de pana. ¿Sabían el secreto? Ellos debían saber que mi madre no podía haberla comprado, porque no teníamos dinero para una chaqueta tan bonita. Sin duda, sabían que mi padre, aunque era inteligente y fuerte, estaba "buscando empleo". Ah, él era brillante y tenía una espalda fuerte, podía citar capítulos y versículos de la Biblia y estaba lleno de sabiduría popular. Con todo, nunca pudo deshacerse de esos demonios. Literalmente peleaba con sus jefes y otros hombres. Toda su sabiduría natural no podía detenerlo de ahogar la ira, esa terrible rabia que no podía exteriorizar, en el alcohol.

Como muchos otros niños, nací con la partida en mi contra. Mi padre, un comerciante de frutas, pocas veces tuvo un empleo estable y nunca fue por mucho tiempo. Sus borracheras y peleas nos costaron mucho. Por lo menos, en una ocasión, huyó de la ciudad para esconderse en Baltimore del pandillero a quien le había roto la mandíbula en un juego de póker. Mi madre era criada en la Casa del club de chicos Germantown, la mitad de su escaso salario era para pagar a la mujer que me cuidaba. Después, trabajó cosiendo botones en camisas. Si iba al baño, su jefe le gritaba por retrasar la línea de producción. Durante años, vivimos en una sucesión de habitaciones rentadas, a veces con familiares, otras veces con calefacción y, en otras ocasiones, sin nada de eso.

Todos los días retumbaba en mi joven cabeza la idea de que me dirigía hacia ninguna parte. Incluso en la escuela recuerdo muy bien la maestra que nos decía, marcando con su mano derecha sobre la palma de su mano izquierda: "ustedes chicos deberían renunciar a la escuela y trabajar como recolectores de basura". Cuando decía que quería ser médico, se reían y me decían que dejara de soñar. Me decían que era un niño tonto, que no sabía lo difícil que era la situación. Ellos describían con gran detalle todos los obstáculos que había en mi camino para hacerme caer. Yo era el chico más pobre en mi pequeña esquina de South Philly, en medio de la depresión económica. Con frecuencia, me suspendían de la escuela. Una vez, lancé un ladrillo contra la ventana de un carro de policía por una apuesta. Mi padre se embriagaba para ocultar su ira, mi madre barría y tendía camas. Para todos era muy claro que me dirigía a gran velocidad hacia ninguna parte.

Todos los días me decían que la vida era horrible. Sabía que mis padres luchaban a diario por poner comida en mi plato. Todos los días sabía que mi padre bebía mucho. Cada día de invierno traía incertidumbre respecto a si tendríamos suficiente calefacción. En lo profundo de mi mente, sabía que la situación era grave. Sin embargo, me rehusaba a aceptar la "realidad". Me ponía mi chaqueta de pana amarilla y me convertía en el "General Arnie". Me ponía mi chaqueta y la "realidad" se derretía. No había depresión económica, no éramos pobres, mi padre no se embriagaba. En lugar de eso, nuestra mansión estaba llena de comida, calor y buen ánimo: Yo era el "General Arnie", jefe máximo de todo el ejército.

Yo quería que todos tuvieran chaquetas de pana amarilla, para que ellos también pudieran llegar a ser generales o bailarinas, Rockefellers, Einsteins o lo que quisieran ser. Me preguntaba por qué preferían con tanta obstinación la cruda realidad en lugar de los bellos sueños. Pero yo era tan solo un niño.

Una razón para soñar

Me encantaba esa chaqueta desgastada y vieja como estaba. También me avergonzaba un poco. Me sonrojaba cuando me preguntaban dónde había conseguido algo tan bonito. Recuerdo que, un día, caminé varias millas con mi madre, más allá del basurero de la ciudad hasta las vías del tren. Ese día en particular, alguien dentro de un vagón de tren lanzaba ropa usada a una multitud de personas pobres. Con vergüenza, mi madre me jaló en medio de la multitud hasta llegar al frente. Ella saltó y tomó esa chaqueta de pana amarilla cuando la lanzaron del vagón. Saltó y la atrapó como un jardinero en béisbol atraparía una bola alta contra el muro del campo izquierdo en una Serie Mundial. Luego la puso bajo su brazo y, poniéndome detrás de ella, se abrió camino en medio de la multitud como un mediocampista de fútbol americano se abriría camino por en medio de la línea defensiva para hacer una anotación.

Quizás yo amaba tanto esa chaqueta porque hizo realidad uno de mis sueños, me convertía en general cuando la usaba. No, retiro lo dicho. La chaqueta no *hizo* realidad mi sueño, pero me dio algo más para soñar.

Siendo niño, soñaba mucho. Al usar mi chaqueta amarilla, yo era un general. Con una pequeña botella en mi mano, era un gran médico, descubriendo la cura para la tuberculosis. Cuando caminaba por la calle séptima en medio de todas esas carretillas, era un hombre rico escogiendo comida en un bufé, no un niño hambriento sin un centavo en mi bolsillo. Los chicos mayores me enseñaron a convertir mis sueños en un estómago lleno. ¿No tienes dinero? No hay problema. Pasaba por el lado de una carretilla llena de frutas y, tan rápido como aprendí a cortar suturas, tomaba una manzana y la escondía en mi chaqueta de pana que llevaba un poco abierta.

Mis amigos y yo solíamos permanecer frente al restaurante de Glider. Pegábamos la nariz a la ventana y veíamos a los "ricos" sentados en mesas, recibiendo carnes, repollo relleno y sopa de pastas. Algunos de mis amigos se enojaban porque no podían comer en ese restaurante o en cualquier otro sitio. Se resentían con las personas a quienes miraban con envidia. Yo tampoco podía entrar, pero no tenía resentimiento contra nadie. Soñaba con que algún día entraría y me uniría a ellos. *Sabía* que lo iba a hacer. Podía verlo en mi sueño.

Quizás es por eso que era feliz, la situación no me desanimaba. No tenía resentimiento contra otros que tenían más que yo. Solo soñaba con el día en el que yo también tendría. ¿Por qué enojarte cuando puedes esperar con ansias y gozo el tiempo de la abundancia?

Sobre todo, soñaba con ser médico, un gran médico como el doctor Cooper. El doctor Cooper era el médico de nuestra familia, un doctor anciano que recorría las calles atendiendo personas en sus casas. Él aceptaba comida, gallinas o cualquier cosa que sus pacientes tuvieran para pagarle, y a menudo no recibía nada si el paciente no tenía qué darle. (Puse el nombre de Barry a mi hijo, y coautor de este libro, en honor a ese gran hombre).

Diez mil razones para ser "realista"

La mayoría de las personas me decían que fuera realista, que dejara de soñar. Decían cosas como:

• ¿Tú, un médico? No seas ridículo.

• Estás golpeando tu cabeza contra un muro de roca.

• Las personas como nosotros no tenemos oportunidades.

• No me hagas reír.

• No hay manera de que un chico pobre como tú pueda hacer algo así.

• ¿Qué tiene de bueno la vida? Sufrimos y morimos. Todos quieren atraparte.

• De todas formas, el mundo no estará aquí por mucho tiempo.

• Vas a fracasar.

• La vida está en contra de personas como nosotros.

• No tienes suficiente dinero.

• Estás destinado a estar enfermo.

• Nunca les des la espalda.

• No conoces a las personas correctas. Debes conocer a las personas correctas.

• Vas a terminar como tu padre.

Y así sucesivamente. Tenían diez mil razones para ser absolutos "realistas". Por desgracia, ser un realista tan crudo y desafiante implica también ser alguien infeliz. Ellos eran personas amables, insistían en hacerme aterrizar en la triste "realidad". Eran trabajadores, bien intencionados y muy realistas. "Sabían" que los chicos pobres del lado equivocado de la vía no podían llegar a ser médicos generales. Ellos "sabían" que soñar era una pérdida de tiempo cuando había trabajo para hacer. "Sabían" que los sueños estaban ligados a la decepción. ¿Por qué darte esperanzas?, decían. Cuanto más elevadas sean tus expectativas, más dura es la caída.

Pocos me animaron a soñar. Pocos me dijeron que dejara de buscar en la basura que me rodeaba y comenzara a buscar en las estrellas. No todos los que miran las estrellas lo logran, explicaban, pero solo los que las miran tienen oportunidad. Y, si tienes la oportunidad, decían, tienes todo lo que necesitas.

Mis padres, tan pobres como lo eran, siempre respaldaron mis "alocados sueños". Cuando les decía que quería ser médico, pensaron que esa era una gran idea. Todos los demás me decían que estaba loco. Ninguno de este vecindario jamás va a la universidad y mucho menos a la escuela de medicina. Nadie de este vecindario tiene el cerebro, el dinero, las conexiones y lo que se necesita. Pero mamá y papá dijeron que yo iba a ser un gran médico. Papá había estudiado tan solo tres años en la escuela cuando tuvo que comenzar a trabajar para apoyar a la familia. Mamá dejó la escuela rural después de décimo grado. La universidad y la escuela de medicina estaban mucho más allá de su horizonte. Ellos no tenían más que darme, solo esperanza. Y encontré que eso resultó ser lo mejor que me pudieron dar.

Hay diez mil razones para ser un completo "realista" y "saber", sin lugar a dudas, que la vida es miserable. En cambio, hay una, solo una razón para soñar: no puedes alcanzar una estrella a menos que te estires para tomarla.

¿Qué son los sueños?

Al soñar, me decían cuando era niño, te escondes de la realidad.

La única manera de sobrevivir, insistían, es enfrentar la cruel realidad. No procures alcanzar tus sueños. Retráete, ponte en guardia, protégete. Lo que decían tenía sentido... para ellos.

Soy médico, entrenado en los rigores y precisiones de la ciencia. Soñar no requiere ciencia. Los sueños son para los psiquiatras, nos decían cuando estaba en la escuela de medicina. El trabajo de ustedes es dominar la realidad del cuerpo humano, de los gérmenes y los medicamentos.

¿Qué es soñar? ¿Qué es la realidad? La realidad es lo que conocemos como verdad, lo que podemos analizar, verificar y cuantificar, lo que podemos tocar, si no con nuestras manos, entonces con nuestras herramientas tecnológicas. En cambio, los sueños, dicen, son tan solo huellas que dejan nuestros pensamientos, son sombras que han sido eliminadas dos veces. Sin embargo, los sueños, esas huellas de la noche, suelen hacerse realidad. Soy médico. Tal como lo había visualizado. Puedo ir a comer al restaurante Gliders (si todavía está ahí) o al Jimmy's que está de moda, al Bistro, aquí en Beverly Hills, todas las noches de la semana. ¿Eran mis sueños puras ilusiones mentales o eran un vistazo temprano a la realidad que iba a vivir después?

Habiendo estado tanto en la cima como en el fondo de la escala, puedo decirte que nuestros sueños *son* realidad, son proyecciones muy reales de lo que queremos ser. Los sueños son espejos que reflejan lo que hay en nuestra mente, son los planos de nuestro futuro. Sí, muchos de nuestros sueños son exagerados, escandalosos, pero hablan por nuestra silenciosa alma. Nuestros sueños son esa parte de nosotros que nos dice que podemos ser algo grande, algo emocionante, algo exótico, algo maravilloso. Nuestros sueños son nuestra alma pidiéndonos que sigamos avanzando, creciendo, aprendiendo, amando, dando, gustando, oliendo, atreviéndonos, incluso fallando y que sigamos intentándolo. Los sueños son la manera como nuestra alma nos estimula, nos da razones para buscar y procurar alcanzar las estrellas. Los sueños *son* realidad. Ellos crean realidad: el ahora y lo que esperamos para el futuro.

Realidad de doble filo

La mayoría de personas aceptan que los sueños son "reales" porque nos dicen lo que queremos ser, pero no son la "realidad presente". Un sueño puede animarnos a ir a la universidad para ser lo que queremos ser, pero, ¿cómo puede un sueño cambiar la "realidad" del ahora mismo? Eso es imposible. ¿O no?

En cualquier momento, para cada situación, hay dos "realidades". Una realidad consiste en los hechos: son las 2:20 de la tarde de enero 19. Estoy sentado ante mi escritorio mientras Barry y yo escribimos estas palabras. Estoy sentado en mi silla negra y él está sentado en mi sofá. Yo llevo puesta una camisa azul con líneas blancas. Acabo de terminar de hablar por teléfono con un viejo amigo. Hemos avanzado solo ocho páginas de esta nueva sección. ¿Tendremos suficiente como para hacer todo un nuevo capítulo?

Esta es la cruda realidad. Esta es la otra realidad: estoy emocionado por lo que estamos escribiendo. ¡Esta es información excelente! Mis ojos se llenan de lágrimas cuando recuerdo mi chaqueta de pana amarilla. Se me hace un nudo en la garganta cuando pienso en mis padres. Con todos sus defectos, ellos hicieron por mí lo que sabían. Ellos *siempre* me animaron a ser grande. Esa llamada de mi amigo fue una molestia, porque interrumpió mi flujo de pensamientos y recuerdos.

Dos realidades: los *hechos* y la *interpretación*. No siempre podemos controlar los hechos, pero podemos determinar nuestra interpretación.

El uniforme de retazos

Todavía era un joven muy pobre cuando ingresé a los exploradores. Desde luego, quería un uniforme, uno nuevo con pantalones cortos y camisa, con sombrero y bufanda, con un chaleco lleno de insignias para usar con orgullo en las reuniones, en la escuela y en la calle. Pero los uniformes cuestan dinero, más del que yo tenía. Había trabajado desde los siete años. Mi primer trabajo fue vendiendo goma de mascar. Le daba todas mis ganancias a mi madre para ayudar con la renta. No había dinero para pagar un uniforme. (Años después, cuando comencé la universidad, ella me dio lo que, a mi parecer, era una gran suma de dinero. Había ahorrado hasta el último centavo de lo que yo le había dado, poniéndolo en su alcancía, para mi educación en la universidad).

Los demás chicos, tan pobres como sus familias, tenían sus uniformes. Yo me sentía el más inferior de los inferiores cuando iba a las reuniones con mi ropa normal. Tiempo después, logré ahorrar cincuenta centavos para comprar un pañuelo oficial de los exploradores. Luego, pude ahorrar dos centavos, suficiente para tener el pequeño aro que sostenía el pañuelo alrededor de mi cuello.

¿Me sentía orgulloso de mi "uniforme"? De hecho, la "realidad" objetiva era que yo no tenía un uniforme de verdad. Sin embargo, en mi interpretación, yo tenía un excelente uniforme. Otros chicos se burlaban de mí, pero, en mi mente de soñador, ¡yo estaba vestido como todo un explorador! Salía a las excursiones con mi pañuelo alrededor del cuello y lo usaba para ir a la escuela los días designados. Luego obtuve una camisa usada, unas tallas más grande que la mía, y unos pantalones que no me quedaban muy bien, pero que otra persona había desechado. Los pantalones habían sido lavados mil veces. Estaban desgastados y decolorados. Vaya, los demás se burlaban de mi uniforme de retazos, me llamaban el "rey de los trapos". La realidad objetiva es que yo estaba usando ropa desechada, sobras usadas y rotas. Sin embargo, en mi mente era el mejor uniforme, el más pulcro y maravilloso que un chico podía tener.

Según la realidad objetiva, yo debía ser infeliz. Debía haber tomado muy a pecho mi pobreza. Debía haberme sentido avergonzado cuando se burlaban de mi uniforme a parches. Debido a toda la realidad objetiva, yo debí haber pasado mi niñez quejándome por mi terrible destino. Debí haber sido miserable (como muchos de mis amigos).

Con todo, gracias a mi realidad interpretativa, la realidad de mis sueños, yo era delirantemente feliz. Con tan solo un pañuelo y un aro, era el mejor explorador que jamás hubo. Usando mi chaqueta de pana amarilla, yo era general del ejército.

"Entonces, ¿qué?", muchos nos han dicho a Barry y a mí, "estabas engañándote a ti mismo para pensar que eras feliz. ¡Gran cosa!"

Sí, era la gran cosa, con seguridad la más grande, lo mejor en mi vida. No puedo decirte cuántos de mis amigos, cuántos de sus padres, cuántos de todos los pobres y personas oprimidas de South Philly y de todas partes vivieron vidas de miseria debido a que se concentraron en la realidad objetiva. Si te dices a ti mismo, durante toda una vida, que eres miserable e infeliz, que no eres nada y que no vas a llegar a ninguna parte, tienes toda la razón. Si te dices a ti mismo, solo de vez en cuando, que eres feliz y que puedes alcanzar las estrellas, también tienes la razón.

Mis padres no me dejaron dinero. Su legado para mí fue mejor que el oro: me hicieron creer que todos mis impedimentos no eran más que cadenas de papel esperando a ser rotas. Cuando yo decía que era un General, ellos me decían que era *el* General. Cuando decía que iba a ser médico, ellos decían que iba a ser el mejor médico de la historia. Cuando yo decía que iba a salir del tugurio, ellos sonreían y decían "y así está escrito".

Un futuro de retazos

Hace algunos años, una tarde de domingo, tomé asiento en unas gradas bajo la luz del sol para ver a mi nieta Melanie "graduarse" de las Margaritas de las exploradoras para pasar a integrar el grupo de las Brownies. La madre de Melanie, Robin, su líder exploradora, le quitó a cada una de las niñas su faja de Margarita y le puso su faja de Brownie. Las pequeñas estaban muy emocionadas al recitar sus promesas y cantar algunas canciones.

Justo después de la ceremonia, Melanie y muchas de sus amigas pusieron sus fajas de Margaritas en una caja. Las fajas iban a ser donadas a niñas pobres que no las podían comprar. Las fajas estaban un poco desgastadas, tenían algunas manchas y alguna ruptura por aquí o por allá, pero eran fajas oficiales de Margaritas. En alguna parte, algunas chicas poco privilegiadas habrán abierto esa caja de fajas usadas. Imagino que algunas de ellas, ahogadas en la realidad objetiva, habrán levantado su cara, rehusándose a usar sobras de las niñas ricas. Algunas de las niñas se habrán enfadado, porque tuvieron que aceptar la caridad. Sin embargo, espero que al menos una de ellas haya estado feliz de tener una faja, así no fuera de su talla, así estuviese manchada o un poco rota. ¡Espero que al menos una niña se hubiese sentido muy orgullosa por su faja de Margarita!

¿Quién es mejor? ¿Los que hacen que el rostro severo de la realidad objetiva coincida con sus propios rostros fruncidos o quienes asumen que su uniforme de retazos es un vestido preciso para una princesa Margarita?

"Él es el más pobre de los pobres y el más feliz de los felices". Eso es lo que escuché que uno de los amigos de mis padres decía de mí, susurrando con asombro cuando era niño. ¿Por qué es tan feliz cuando vive en tanta miseria?, se preguntaban. Y había muchas adversidades en esos días. Pero, ¿cómo no sonreír si tenía mi chaqueta de pana amarilla, mi uniforme de retazos y mis sueños?

Estaba feliz porque mis padres me enseñaron a cambiar la "realidad" al interpretarla como buena. Mi interpretación no podía llenar mi estómago, que por lo general estaba vacío, ni comprarme un uniforme. Sin embargo, mi interpretación siempre podía ayudarme a mantener la frente en alto y mis ojos brillando con las estrellas.

Un sueño, un empuje

Desde luego, no quiero decir que, si estamos hambrientos, podemos soñar que nuestros estómagos están llenos. Sin duda no defiendo el soñar con estar seguro cuando un auto se está viniendo sobre ti (yo diría que enfrentes la realidad y salgas del camino ¡ahora mismo!). Solo quiero decir que los sueños son pinceles en nuestras manos que nos invitan a colorear el lienzo de nuestras vidas. Nuestro lienzo no está por completo en blanco, algunas líneas y colores ya están ahí y no podemos cambiarlas. Con todo, los artistas somos nosotros, el Da Vinci, el Picasso que pinta la pintura de nuestras vidas tal y como la consideramos necesaria.

La vida no consideró necesario un hermoso uniforme de explorador en el cuadro de mi vida. Aun así, ¿por qué mirar con tristeza una imagen desnuda, cuando puedes pintar tu traje con tus sueños? Y cuando lo haces, alteras por completo la realidad. No la realidad objetiva de tu uniforme, un viejo trozo de tela es un viejo trozo de tela. En lugar de eso, cambias tu propia realidad interpretativa, así como la de tus emociones y, por medio de tus emociones, cambias tu bioquímica y todo tu ser. ¿Por qué estar de acuerdo con la realidad objetiva que dice que soy infeliz debido a que los demás se burlan de mi uniforme de retazos si puedo abrazar la realidad que me tiene saltando de gozo?

Insignia al mérito por primeros auxilios: primera piedra hacia la escuela de medicina

Un día, cuando tenía doce años, llevé orgulloso mi uniforme de retazos a una prueba para la insignia al mérito por primeros auxilios, mi primera insignia. Para ir a donde el médico que me iba a evaluar, tuve que tomar dos trolebuses y un bus, eso era muy lejos. Allá me encontré con otros tres chicos "ricos" de la zona norte de Filadelfia. Ellos se rieron cuando vieron mi improvisado uniforme. Nos sentamos en la sala de espera hasta que el médico estuvo listo para evaluarnos. Todos aprobamos. Luego el médico, cuyo nombre no recuerdo, despidió a los otros tres chicos. Cuando ya se habían ido, me señaló con su dedo y prácticamente gritó: "¡tú vas a ser médico!"

Me sorprendió tanto que salté de la silla. "¡Tú vas a ser médico!", repitió. "Ven conmigo".

Me llevó a su pequeña oficina y puso un estetoscopio en mis manos diciendo: "Este es un estetoscopio. Lo usamos para escuchar el latido del corazón de los pacientes. Esta es una radiografía", dijo señalando la "foto" grande y gris que había sobre su escritorio. "Es una imagen del interior del pecho de un paciente". Puso los auriculares en mis oídos y la campana la puso en su pecho para que pudiera escuchar el latido de su corazón. Me enseñó la diferencia entre el primero y el segundo sonido del corazón, y usó una imagen para ilustrar cómo la sangre fluye por las cuatro cámaras del corazón. (Pasaron trece años hasta cuando, de manera oficial, aprendí los sonidos del corazón en clase de Diagnóstico físico).

"Vuelve la próxima semana", me indicó más tarde. Volví unas tres o cuatro veces, deleitado con el hecho de que este hombre "importante" pasara tiempo enseñándome a ser médico. Todas las veces presionaba su dedo contra mi pecho y afirmaba "¡tú vas a ser médico! No te preocupes cómo", decía con autoridad, "no te preocupes por el dinero. ¡Hazlo!"

No sé por qué me identificó, por qué me dio tanto de su tiempo. Pero sí sé que siempre había soñado con ser médico y ahora un verdadero médico me estaba diciendo que mis sueños se iban a hacer realidad. Este hombre convirtió mi sueño en una realidad al decirme que sí podía realizarse. No me dio dinero para la renta ni para la calefacción en el invierno. No me dio alimento ni ropas abrigadas. Únicamente me dijo que ser un chico pobre nacido en un hogar pobre no era ningún impedimento. Me dijo que podía lograrlo. Recuerdo con claridad cómo hacía énfasis en que no debía preocuparme por "cómo hacerlo". "¡Hazlo!"

Historias por montones

"La mayoría de las cosas que vale la pena hacer han sido declaradas imposibles antes de haber sido hechas".

—Louis Brandeis

Al escribir esto, en mis ojos brotan lágrimas por los recuerdos, pero hay muchas historias como esta. El gran beisbolista Babe Ruth nació en la pobreza en 1895. A la edad de siete años, fue a la Escuela Industrial St. Mary en Baltimore y allí vivió la mayor parte de su niñez. Eso no lo detuvo para llegar a ser el rey de los cuadrangulares y el jugador mejor pagado de su época. Por cierto, mientras Ruth estudiaba en St. Mary, conoció a un chico pobre llamado Asa Yoelson. Asa cambió su nombre por Al Jolson, uno de los grandes cantantes de los Estados Unidos. Era tan popular, que en Broadway apagaron todas las luces cuando murió. La realidad objetiva era muy clara: estos dos chicos no se dirigían a ninguna parte. Tendrían suerte si obtenían un trabajo estable y una pequeña casa. Por fortuna, tenían grandes sueños.

Un chico nació en Rusia en el año 1888. En 1893, su familia se mudó a los Estados Unidos, donde pasó el resto de su niñez en medio de una profunda pobreza. Más o menos a la edad de dieciséis, comenzó a trabajar como mesero cantante de cabaret en las áreas del Barrio Chino y Bowery en New York. Conocemos a ese chico pobre como el compositor Irving Berlin, autor de *White Christmas, God Bless America, Alexander's Rag Time Band,* toda la partitura para el éxito de Broadway *Annie Get Your Gun* y muchas otras canciones. La realidad objetiva decía que Irving no podría lograrlo, apenas sabía leer música. Pero tenían un sueño.

Conozco una cirujana ortopédica llamada Serena Young quien, a corta edad, llegó a los Estados Unidos a finales de la década de los años cincuenta. A la mitad de sus treintas, la doctora Young no había podido caminar desde los dos años por haber padecido de polio. Cojeando con muletas, fue a la universidad de California y luego a la escuela de medicina. Cuando decía que quería ser cirujana ortopédica, le decían que estaba loca, que olvidara esa idea. "Realidad", ¿recuerdas? Hoy, al inclinarse sobre la mesa de operaciones, tiene que sostener sus piernas con abrazaderas, pero es una cirujana ortopédica. Y todos dicen que es muy buena.

Con un ejército de retazos, George Washington prosiguió a ganar la Guerra Revolucionaria. Con una educación de retazos, Thomas Edison llegó a ser el mejor inventor de los Estados Unidos. Con pocos recursos más que su gran sueño de independencia de la India, un hombre llamado Ghandi enfrentó al Imperio Británico y ganó. En julio 25 de 1989, el *Wall Street Journal* publicó un artículo acerca de dos hermanos afroamericanos pobres de los proyectos de vivienda del Bronx. Derrick y Dorian Malloy iniciaron en el fondo de la escalera en el McDonald's de su comunidad. Diecisiete años después, eran propietarios de dos franquicias de Wendy's que vendían dos millones y medio de dólares al año. Todavía no son millonarios, pero esperan serlo a la edad de cuarenta años.

El periódico *Los Ángeles Times* presentó una foto e historia de primera plana titulada "Parapléjico alcanza la cima en ascenso de ocho días a Yosemite". Sus piernas no funcionan, así que Mark Wellman se arrastró por el costado de la montaña El Capitán en el Parque Yosemite. Arrastrarse hasta la cima de 3.500 pies fue el equivalente a hacer 7.000 dominadas. El montañista dijo "tienes un sueño y sabes que la única manera de hacerlo realidad es si lo haces, así avances solo seis pulgadas a la vez".

Si has visto en televisión *Happy Days* o *Karate Kid* en cines, sabes que Pat Morita es un buen actor. Quizás adivines que está sentado en la cima del mundo. Es posible que no sepas que fue diagnosticado con tuberculosis espinal a la edad de dos años y que pasó los siguientes nueve años de su vida en el hospital y sin poder caminar. Salió del hospital justo a tiempo para ser lanzado al campamento de internado japonés-americano durante la Segunda Guerra Mundial. El padre de Pat fue asesinado por un conductor que lo arrolló y escapó cuando Pat tenía veintidós años. Nadie habría adivinado que Pat llegaría a ser un actor muy bien pagado. Nadie, supongo, excepto Pat: "Si alguien se queda con las dificultades de la vida y permanece ahí, está diciendo que eso es todo lo que obtendrá en la vida. No importa lo que suceda, tú tienes que levantarte por encima de eso y al menos esperar o soñar que hay una mejor existencia..."

Abraham Lincoln, nuestro décimo sexto presidente, nació en una cabaña de una región apartada. Tuvo poca educación formal. Fue tendero, cartero, encuestador. Incluso viajó por el río Mississippi hasta New Orleans como trabajador de barco carga. Su lista de fracasos es legendaria. Perdió su empleo y no tuvo éxito al postularse para la legislatura estatal en 1832. Dos años después, su empresa quebró. Su novia murió un año después de esto. En 1836 sufrió un colapso mental. Logró ser elegido para la legislatura estatal, pero fue derrotado en una oferta para ser orador. En 1843, no logró ser elegido para el congreso. En 1848, ni siquiera logró ser nominado para el congreso. Su postulación para ser Funcionario de tierras fue rechazada en 1848. Tuvo una campaña exitosa para el Senado en 1854. Quiso ser el vicepresidente en 1856, pero no obtuvo el cargo. De nuevo, hizo campaña para el Senado en 1858 y volvió a perder.

Luego, en 1860, uno de los más grandes "fracasos" de los Estados unidos llegó a la presidencia. Y no solo cualquier presidente. A pesar de las repetidas críticas, la dificultad y las completas decepciones, él persistió para llegar a ser uno de nuestros mejores presidentes.

Steven Morris, ciego de nacimiento, llegó a ser el grandioso músico Stevie Wonder. John, Paul, George y Ringo fueron niños que salieron de las calles de la clase trabajadora de Inglaterra. Con poco más que un sueño y deseo, reformaron el mundo de la música como Los Beatles.

Los niños pobres no son los únicos con problemas. Un niño de una familia noble llamado Humphrey parecía no estar a gusto con la vida. Sus bajas calificaciones y mala conducta le impidieron ingresar a Yale. Las cosas no mejoraron mucho cuando ingresó a la marina, terminó en la soledad comiendo pan y agua. Una lesión en la boca lo dejó con un pequeño impedimento del habla. Fracasó siendo inspector de botes remolcadores. Por último, tropezó con la actuación y, por años, luchó antes de llegar a ser el famoso Humphrey Bogart.

Un hombre llamado Harland Sanders tenía cinco años cuando su padre falleció. Harland dejó la escuela a los catorce años. Después de engancharse en el ejército, fracasó como herrero. A los dieciocho años, se casó. Su esposa le informó que estaba embarazada el mismo día en que fue despedido de otro trabajo. Poco tiempo después, ella empacó sus cosas y lo abandonó. Harland abandonó los estudios de leyes por correspondencia. Nada funcionaba para él, desde administrar un transbordador o una estación de gasolina, hasta vender llantas o seguros. A la edad de 65 años comenzó una nueva empresa con su cheque de $105 de seguridad social. Este hombre cubierto de la "realidad" de sus continuos fracasos terminó abriendo su primer Kentucky Fried Chicken, y Harland Sanders se convirtió en el Coronel Sanders.

Pensamientos positivos, acción positiva: PPAP. Estas personas querían "lograrlo", creían que podían, así que lo intentaron. Todos hemos escuchado muchas historias de quienes superaron las peores circunstancias. Estas historias abundan por todas partes. ¿Y cuál es tu historia?

De la literatura médica

¿Qué sucede cuando le damos prioridad a nuestra interpretación de la realidad sobre la "realidad" objetiva? ¿Nos estamos engañando a nosotros mismos? ¿Nos estamos inclinando con los molinos de viento o estamos reescribiendo la historia antes que suceda? Algunos interesantes estudios sugieren que lo que pensamos tiene gran influencia sobre nuestro sistema inmunológico, sobre cuánto dolor sentimos u otros aspectos de nuestro ser físico "real".

Los investigadores han demostrado que el ánimo positivo está relacionado con menos quejas de afecciones físicas[2]. Esto incluso afecta la velocidad con la que los pacientes se recuperan de la cirugía de bypass de arteria coronaria. Las personas positivas, que creen que pronto se van a sentir mejor, tienden a recuperarse más rápido que quienes están convencidos que les espera un largo y doloroso periodo de recuperación. He visto esto suceder muchas veces en muchos pacientes de bypass de arteria coronaria que he tratado desde que esa cirugía se efectuó por primera vez a finales de los años 1960. Justo un año después, un miembro de mi familia extendida fue sometido a una cirugía de bypass. Sin duda, él creía que se iba a recuperar. Tres días después de esa cirugía, en la que su pecho fue abierto, ya estaba en casa y se sentía bien.

Nosotros los médicos también sabemos que lo que una persona cree, su interpretación de la realidad, puede convertir el agua en una poderosa medicina y reducir tumores. Como médico, creo que tratar o extirpar un tumor es un buen procedimiento, en especial si los tumores se encuentran en una etapa temprana. Prefiero usar los métodos tradicionales *más* el PPAP. Con todo, hay un relato que ilustra el poder de la interpretación[3].

En los no muy distantes años cincuenta, para la terapia del cáncer se utilizaba una medicina llamada Krebiozen. Un paciente hombre tuvo una grave malignidad (cáncer) muy avanzada que estaba afectando sus ganglios linfáticos. Se describía que tenía grandes tumores del tamaño de naranjas en su cuello, bajo sus brazos, en el pecho y abdomen. El médico del paciente le estaba aplicando inyecciones de Krebiozen. Poco después, los tumores del paciente se redujeron y los fluidos en su pecho se desvanecieron. Durante más de dos meses, el paciente no tuvo síntomas y estaba muy entusiasmado con el Krebiozen. Sin embargo, durante ese tiempo la AMA adelantó un estudio sobre el Krebiozen. Los informes preliminares fueron publicados en los periódicos e indicaban que el Krebiozen no era útil para el tratamiento del cáncer. Después de leer los informes, el paciente se preocupó: su tratamiento no valía la pena. Tras dos meses de buena salud, su condición se deterioró porque se deprimió.

En este punto estaba alarmado por que sucediera lo peor, y el médico le dijo que el Krebiozen en realidad era una buena medicina. Le aplicaba al paciente inyecciones de agua, pero le decía que era la medicina. Y los resultados fueron asombrosos. Los fluidos pulmonares se redujeron, los tumores del pecho se desvanecieron y el paciente, que ni siquiera podía levantarse de la cama, ahora podía moverse. El médico prosiguió con las inyecciones de agua y en poco tiempo fue enviado a casa sin síntomas. Luego fueron revelados los resultados finales del estudio del AMA: el Krebiozen era inútil. Pocos días después, el paciente fue internado de nuevo en el hospital, donde fue perdiendo su salud y no mucho después falleció.

La "realidad" es que el Krebiozen es inútil. Sin embargo, funcionó cuando el paciente y el médico creían que funcionaría. El Krebiozen no movilizó el sistema inmunológico del paciente para que luchara contra los tumores: lo que se lleva el crédito es lo que el paciente creía, su interpretación de la realidad. Tampoco fue el agua la que venció al cáncer: fue lo que el paciente creía.

La esperanza es el futuro

En medio del negativismo, es posible llenar tu mente con pensamientos positivos. Recuerda: *no siempre podemos cambiar la realidad "objetiva", pero podemos controlar nuestra interpretación de la realidad.* Sin duda, el ser pobre, pero feliz, lleno de deseo por triunfar, supera el ser pobre y miserable, lleno de sentimientos de fracaso.

Esa idea de éxito es muy importante. Hace pocas semanas atrás, viajé a Filadelfia a ver el desfile de año nuevo, el desfile de Mumer, con sus coloridas comitivas, marchantes con exagerados disfraces, miles de personas por las calles y sus grandes recuerdos. Como siempre, mi viejo amigo Herbie y yo caminamos por las calles de nuestro antiguo vecindario. Fue muy bueno volver, aunque el vecindario se veía igual de pobre y más desgastado que nunca. Estábamos tomándonos unas fotografías en nuestra escuela Thomas Junior High School cuando, de repente, una pelota de baloncesto pasó por encima de la cerca y rodó hasta nuestros pies. Lancé la pelota de vuelta por encima de la cerca al pequeño grupo de chicos de diez o doce años de edad que estaban jugando en el patio de la escuela. Nos preguntaron quiénes éramos y por qué estábamos tomando fotografías. Cuando les dije que Herbie y yo habíamos estudiado en su escuela, ellos quisieron saber cuánto tiempo había pasado desde entonces.

"Nos graduamos en 1941", dije.

"¿Cuándo fue eso?", preguntó uno de los chicos.

"Antes que tus padres nacieran", respondí.

Entonces otro chico preguntó algo interesante. "¿Esta era una escuela intimidante cuando ustedes estudiaron aquí?"

Ellos no pudieron definir con precisión "intimidante", pero en nuestra conversación supe que esos chicos estaban muy arraigados en la "realidad" objetiva como muchos de mis amigos de niñez estuvieron hace muchos años. Cuando les dije que era médico, ellos no me creyeron. La idea de que cualquier persona de su vecindario "intimidante" pudiera salir estaba lejos de todo lo que pudieran creer.

Han pasado dos generaciones desde que jugué con una pelota de baloncesto en ese mismo patio. Los chicos de hoy son de diferentes grupos étnicos, pero son tan pobres como lo fuimos nosotros y tienen la misma certeza de que no hay esperanza para ellos. Ser pobre es ser desafortunado. Tener la certeza de que no hay esperanza es un desastre. Tu punto de partida no tiene consecuencias. El futuro guarda esperanza. El futuro yace en tus sueños de cuán maravillosas que pueden ser las cosas.

Rx: SOÑANDO REALIDAD

"Primero, dite a ti mismo cómo sería y luego haz lo que tengas que hacer".
—Epíteto

¿Cómo podemos desarrollar esa esperanza? ¿Cómo podemos enseñarnos a soñar? Busquemos acción "interior" y "exterior". No recuerdo qué sucedió con mi chaqueta de pana amarilla o con ese uniforme de chicos exploradores que armé con retazos y que usaba con tanto orgullo. Supongo que los pasaron a otra persona cuando ya no me quedaron. Ya no tengo mi chaqueta ni mi uniforme de retazos, pero sí tengo una pieza redonda de vidrio decorativo colgada en la ventana de mi oficina. Como una tarta, está cortado en muchas piezas, y cada una es de un color diferente. Bruce, mi hijo menor, me lo dio. Mi esposa y yo llegamos a la oficina muy temprano en la mañana. Yo suelo sentarme en mi silla a mirar por la ventana las hermosas casas de Beverly Hills. Luego, la luz danzante que sale de los vidrios de colores capta mi mirada, y recuerdo mi viejo uniforme de retazos, esa loca colcha de retazos de ropa usada. Similar a mi viejo uniforme, la luz está hecha de un poco de esto y un trozo de aquello. Siento que es muy apropiado recordar mis orígenes de retazos al estar en mi oficina de Beverly Hills, mirando las casas que pertenecen a las "personas bellas" a pocas cuadras de Rodeo Drive.

Al mirar la luz de retazos, recuerdo los sueños que soñé, esos locos sueños que muchos dijeron que nunca se iban a realizar. Al mirar la luz, doy gracias a Dios por el don de los sueños. Al mirar la luz, vuelvo a soñar, sabiendo que los sueños que sueñe hoy hacen posible la realidad que viviré mañana. Al mirar la soñada luz de la esperanza, me digo a mí mismo:

Alaba al soñador que sueña con el amor,
ama al soñador que sueña con el gozo,
que haya gozo para el soñador que sueña el sueño.
Saluda al soñador que sueña con buen ánimo.
Anima al soñador que sueña con lo que puede ser.
Que el soñador que sueña el sueño, goce.
Que el soñador que vuelva a soñar, vuelva a gozar.

Transmítelo

Ahora que has comenzado a soñar, transmítelo. Enseña a otros a mirar el futuro con gozosa anticipación. El año pasado, un paciente más bien enojado vino a mi oficina con una extensa lista de síntomas mal definidos. Él estaba enfadado: con su jefe, porque no tenía la educación para ascender, por el "sistema", que "me mantiene abajo". Después de hablar con él y examinarlo, le dije que se realizara unas pruebas en un sitio cercano. Luego volví a la cafetería para buscar algo en el refrigerador. Un chico de unos doce años de edad estaba sentado allí comiéndose una manzana. (Conservamos una cesta llena de manzanas en la sala de espera para los pacientes). Le pregunté quién era. Me dijo que se llamaba Manuel, y comenzamos a hablar. Manuel me dijo dónde vivía, y de inmediato supe que era de un área muy pobre de Los Ángeles. Cuando me dijo que su padre era un conserje y su madre era una camarera, entendí que era el hijo del hombre enojado que había atendido. Mientras hablábamos, fue evidente que Manuel no tenía mucha esperanza para el futuro. Miraba hacia abajo cuando hablábamos. Se hundía en su silla. Su voz carecía de energía. Hablaba del hecho de que su familia siempre había sido pobre, y que ninguno en su vecindario ganaba mucho dinero.

"¿Qué quieres ser cuando crezcas?", pregunté.

Por primera vez en nuestra charla, me miró a los ojos. Por un momento, vi sus ojos iluminados y escuché un tono de esperanza en su voz cuando respondió: "quiero ser médico". Con todo, en ese momento, la luz en sus ojos se desvaneció junto con la energía de su cuerpo. Volvió a bajar la mirada y dijo con un tono de derrota: "pero eso es tonto, solo los ricos pueden ser médicos".

¿Podría volver a funcionar? Me puse de pie, lo señalé y le dije con voz de autoridad: "¡Tú vas a ser médico!"

Me miró sorprendido, quizás con la misma mirada que yo había hecho cincuenta años atrás. "¡Tú vas a ser médico!" Volví a decirlo. "Ven conmigo". Tomé a Manuel de la mano y lo llevé de vuelta a mi oficina, donde puse un estetoscopio en sus manos.

"Este es un estetoscopio", expliqué. "Con esto puedes escuchar el ritmo cardiaco de los pacientes". Puse los auriculares en sus oídos y la campana contra mi pecho. "¿Puedes oírlo?" Pregunté. "Escucha...

tun-tun, tun-tun, tun-tun. Dos sonidos por cada latido".

Le mostré una radiografía y un electrocardiograma, un oftalmoscopio y una banda de presión arterial. Le hice medir mi presión arterial. Le hice soplar un tubo conectado a una máquina que medía la fuerza de sus pulmones. Lo hice sentar en mi silla ante mi escritorio con un estetoscopio alrededor de su cuello y que imaginara cómo sería ser médico.

"¡Tú vas a ser médico!", volví a decirle cuando me llamaron para atender a un paciente. "No te preocupes por cómo lo vas a lograr, no te preocupes por el dinero o alguna otra cosa. ¡Hazlo!"

Dos semanas después, su padre volvió para una cita de seguimiento. En lugar de un hombre enojado, encontré a un hombre feliz que me abrazó y dijo: "usted ha cambiado la vida de Manuel. Solo habla de convertirse en médico. Cuando le dije que dejara de soñar, me dijo que no estaba soñando, sino que iba a ser médico". Con sus ojos llenos de lágrimas, ese hombre dijo: "él de verdad cree que puede lograrlo. Gracias".

Espero que el joven Manuel se convierta en médico. Pero mi mayor esperanza es que, dentro de muchos años, el viejo doctor Manuel señale con su dedo a un joven con esperanza y le diga: "¡Tú vas a ser médico!"

Transmítelo. Transmite tus talentos, tu aprendizaje, tus ideas. Por sobre todo, transmite lo que crees. Dile a alguien que únicamente sabe bajar la mirada para ver el barro en sus pies que está bien soñar grandes cosas. Diles que los sueños sí se hacen realidad, solo hace falta soñar.

Transmite de manera constante lo que crees, esa es una tarea para toda la vida.

Sin embargo, ahora mismo, transmite algo concreto. Dale a un niño pobre una chaqueta de pana amarilla. Da un uniforme de chico explorador, una banda de Margaritas, un guante de béisbol. Dales algo para soñar, algo por qué soñar, algo con qué soñar.

"Hechizado por una causa"

En el periódico leí sobre un chico llamado Dick York. Dick fue criado en las viviendas del extremo norte de Chicago durante los años de la depresión económica. Sus padres no trabajaban mucho, porque había pocos trabajos disponibles. Cuando no podían pagar la renta, uno de ellos debía permanecer todo el tiempo en su pequeño apartamento, porque el propietario podía asegurar la puerta y dejarlos por fuera. Dick veía a su padre pelear con otros hombres por comida que buscaban en la basura. Cuando Dick cumplió once años, su hermano menor murió. No había dinero para pagar un funeral, así que Dick y su padre irrumpieron en un cementerio tarde en la noche, cavaron un hoyo y enterraron al bebé en un ataúd hecho de cajas de zapatos.

La realidad objetiva de Dick era horrible. Entonces, ¿por qué dice él que tuvo una niñez feliz? Su interpretación de la realidad le decía que las cosas iban a mejorar. Y así fue. Alguien lo escuchó cantando, una cosa condujo a la otra y, a la edad de quince años, Dick protagonizaba un programa de radio en la red de CBS llamado "Ese chico Brewster". Creció, hizo presentaciones en Broadway, hizo algunas películas, luego se hizo famoso como Darrin Stephens, el hombre mortal con la sonrisa tonta que se casó con la hermosa bruja Samantha en el programa de televisión llamado *Hechizada*.

Una terrible lesión en la columna lo dejó atado a analgésicos, píldoras para dormir y otras medicinas. Se desmayó en el estudio de grabación de *Hechizada*, fue llevado al hospital y retirado del programa. Pasó los siguientes dieciocho meses sumido en las drogas. Logró salir de su adicción, pero no pudo resucitar su carrera de actuación. Debido a muchos años como fumador, desarrolló un enfisema pulmonar, una enfermedad mortal. El que una vez fue un prometedor joven actor, a la edad de sesenta años terminó en la quiebra, viviendo de una pequeña pensión en una casita. Se ahogaba con dar un par de pasos. La mayor parte del tiempo, permanecía sentado en una silla, con un tubo de oxígeno en su nariz.

La realidad objetiva de Dick era terrible. Pero, aun así, era feliz. Él trabajaba emocionado con sus planes de ayudar a los necesitados. No podía ir a ninguna parte, pero podía hablar por teléfono. La gente todavía lo recordaba como Darrin Stephens, así que usaba su condición de celebridad para ayudar a los pobres.

Se convirtió en un torbellino de un solo hombre que hablaba con burócratas, trabajadores sociales, obras de beneficencia y políticos. Participaba en programas de radio hablada para hacer promoción. Consiguió quince mil mudas de ropa de sobra del ejército. Logró sacar miles de cunas y cobijas almacenadas y ponerlas en manos de los pobres. Cuando supo que las personas sin hogar necesitaban ropa interior, logró organizar el envío de miles de panties a un albergue. El Ejército de Salvación recibió cinco mil latas de jugo de naranja concentrado, gracias a Dick York.

Dick se describe a sí mismo como un "viejo actor con una manguera en su nariz". Yo lo describo como una prueba viviente de que la realidad objetiva no tiene mucho que ver con ninguna cosa. Sin nada más que un sueño y determinación, él está alimentando a miles de personas. Lisiado, en la quiebra, sin poder dar más que unos pocos pasos, enfrentando una muerte segura, con gozo traza planes para ayudar más. ¿Quién sabe? Quizás, gracias a Dick, algún niño acaba de recibir una chaqueta de pana amarilla con cremallera al frente y tres botones en cada manga.

Completando la ecuación

La vida es una colcha de retazos hecha de todas las cosas que nos suceden y todas las cosas que pensamos. Cada hecho, cada interpretación pasan a ser parte de nuestra colcha de retazos. Podemos cambiar algunos hechos, y hay otros que no podemos cambiar. Sin embargo, podemos dar forma a nuestra interpretación de los hechos. Y cuando cambiamos nuestra interpretación de lo que sucede, cambiamos el curso de nuestras vidas. Cambiar nuestra interpretación de lo que ha sucedido puede cambiar la realidad de lo que va a suceder. Un pequeño niño que aprende a ver la vida con una sonrisa, en lugar de hacerlo con el ceño fruncido, puede vencer cualquier probabilidad. Un niño que come de la basura para permanecer con vida puede convertirse en un famoso actor. Un actor lisiado puede alimentar y vestir a miles.

Es una ecuación de negativo/positivo. Un niño pobre que apenas lee música se convierte en un gran compositor. Una persona lisiada asciende una montaña. Una niña afectada por la polio se convierte en cirujana. Todo está en la ecuación. Comienzas con una larga lista de terribles cosas negativas y terminas con una lista más larga de cosas positivas. Todo lo que tienes que sumar es un sueño.

Soñar funciona si quieres que así sea. Lo único que debes hacer para que funcione es estar dispuesto a sonreír y creer.

CAPÍTULO TRES

⤜⤝

EL SUEÑO DE RACHEL

"Todos los hombres de acción son soñadores".
—James Huneker

El destino no fue amable con Rachel. Tenía cuatro meses de edad cuando su madre murió de tuberculosis, por eso terminó viviendo con su tía a tres estados de distancia. Su hermano mayor y su hermana fueron entregados a otros familiares, mientras su padre permaneció en Ohio, tratando de ganarse la vida. No fue fácil, puesto eran los años más duros de la depresión económica. Una tía no podía reemplazar a una madre, desde luego, pero Rachel era feliz con su nueva familia. La trataban bien, había suficiente dinero para mantenerla bien alimentada y caliente, tenía juguetes y estaba rodeada de una infinidad de amorosas tías, tíos y primos. Rachel era la muñequita de la familia, la menor de todos los primos, una niña feliz que sonreía y reía mucho. Una vez al mes, la tía de Rachel la llevaba a un "paseo de bancos". Pasaban todo el día yendo de banco a banco, depositando un dólar aquí y otro allá. La tía, que había perdido sus ahorros con el colapso de los bancos, dispersaba su dinero por todas partes para tener seguridad.

El padre de Rachel se volvió a casar, así que, a la edad de cinco años, la pequeña fue enviada de vuelta a Ohio. La familia estaba junta de nuevo, y su padre tenía un empleo. Poco tiempo después, Rachel ya tenía una mejor amiga, Sally. Había ocasiones en las que había suficiente dinero para que Rachel fuera en trolebús a la escuela. Desde luego, si en lugar de tomar el transporte, caminaba hasta la escuela, podía usar el dinero para comprar una barra de chocolate Hershey, una golosina poco común y muy deliciosa. Rachel me dijo cómo se debía saborear el chocolate Hershey.

No lo masticabas, no: mordías un trozo y lo mantenías en tu boca. Mientras el chocolate se derretía, lo movías con la lengua por toda tu boca, recubriendo la parte interior de tus labios y el techo de paladar con el tibio líquido de chocolate.

Por desgracia, la madrastra de Rachel era la típica madrasta malvada. Quizás la palabra malvada no es la correcta, ella tenía trastornos emocionales. Estaba enferma. Desahogaba su ira, que nadie comprendía, sobre Rachel y sus hermanos. El hermano de Rachel, diez años mayor, era lo suficientemente fuerte como para defenderse. Y de todas formas no permaneció mucho tiempo en casa. La hermana mayor de Rachel, una chica ruda y poco femenina, soportaba el abuso físico y emocional, pero nunca retrocedía. Sin embargo, Rachel era una chica sensible y callada que no podía protegerse a sí misma de la ira injustificada de su madrastra. Con frecuencia, sin ninguna razón comprensible, la mujer entraba a la habitación de las niñas blandiendo un látigo de nueve colas. Si no salían rápido por la ventana, Rachel y su hermana terminaban siendo azotadas. La madrastra solía dejar por fuera a los niños y a su padre durante toda la noche en el frío del invierno de Ohio.

Dormían apretados en la camioneta de él. Un maravilloso día, Rachel tuvo una fiesta de cumpleaños, una verdadera fiesta de cumpleaños con amigos, decoración, un pastel e incluso algunos regalos. Como dice ella, "estaba en la gloria", se sintió en la cima del mundo. Sin embargo, tan pronto sus amigos partieron, su madrastra comenzó a gritar por el desorden. Tomó a la pequeña Rachel y comenzó a golpearle la cabeza contra la pared. Sosteniendo a la pequeña niña en el aire, golpeando su cabeza, la madrastra poco a poco fue moviéndose hacia un clavo grande que sobresalía. Justo antes de que la cabeza de Rachel golpeara el clavo, su hermana mayor agarró a su madrastra y amenazó con golpearla con una cacerola grande. Rachel huyó a esconderse en el garaje.

¿Por qué el padre de Rachel no protegía a sus hijos? Era un hombre muy amable y gentil, muy parecido a su hija menor.

No era la pareja correcta para una mujer con enfermedades mentales. Incluso cuando sentía el valor suficiente para enfrentarla, ella no tardaba en deshacerse de él amenazándolo con delatarlo. Como verás, él era un inmigrante ilegal que siempre vivía con miedo de ser deportado.

Como esto fue durante la depresión económica, Rachel y su familia nunca sabían si tendría alimento para la cena. Se mudaban con frecuencia, justo antes que llegaran los cobradores. Aun así, también hubo tiempos felices. Había alegrías simples como leer. Se reían de ella y la llamaban ratón de biblioteca, pero a Rachel le fascinaba leer. Cada semana, traía nuevos libros de la biblioteca. Los libros quizás la alejaban de su vida, por lo menos durante unas pocas horas. Y tenía amigos, buenos amigos como Sally. Cuando habla de su niñez, que es raro, Rachel menciona a su amable padre, la lectura, los chocolates Hershey y a su amiga Sally. Aunque tenía un travieso sentido del humor, Rachel era muy callada y tímida, el tipo de niña que podía pasar desapercibida. Quizás desarrolló ese rasgo como medida de protección: cuanto más invisible fuera en casa, más segura se sentía. También tenía un fuerte sentido del deber. Lustraba los zapatos de su padre cada semana, porque quería que se viera bien. Años después, el día de su boda, teniendo puesto su traje de novia, lustró una vez más los zapatos de su padre como siempre lo había hecho.

No, el destino no fue amable con Rachel, aunque le dio un regalo especial: su capacidad de soñar. Ella nos dijo que tenía cientos de sueños, uno para cada ocasión. Cuando su cumpleaños pasaba sin una fiesta, sin un regalo, soñaba con las maravillosas fiestas de cumpleaños que organizaría para sus hijos. Cuando se acostaba con hambre, soñaba con los grandes banquetes que tendría para su familia y amigos. Cuando su madrastra la golpeaba con crueldad, soñaba con tener su propia hija, alguien a quien amar y proteger. "Cuando las cosas estaban mal", nos dijo, "soñaba con lo buenas que serían las cosas algún día".

Rachel tenía un sueño para cada problema que le presentara la vida. Por cada sueño destruido, tenía uno nuevo. Y, por sobre todo, tenía el sueño que su tía le había dado. "Ella me decía que, en ese momento, siendo niña, tenía poco control sobre las cosas. Pero, en poco tiempo, iba a ser adulta y podría hacer mi propio mundo de la manera que yo quisiera".

La pequeña Rachel, la niña tímida, asustada y abusada era una fábrica de sueños. Ahora que es madre de hijos biológicos y adoptados, así como abuela de cinco nietos, dice: "soñar fue la única manera de luchar". "En especial", añadió, "cuando mi madrastra me decía que era una buena para nada, cuando me hacía sentir que era un fracaso, yo luchaba soñando con hacer algo".

Al igual que Mitchel, el piloto, o Sally, la sobreviviente del campo de concentración, o Mark el jugador de la liga infantil que terminó siendo un héroe, Rachel era una luchadora, una ganadora. Su arma era un infinito suministro de sueños. No importaba si se arruinaba alguno de ellos, tenía mil más.

Sueña un pequeño sueño

Cuando estaba en la escuela de medicina, nos enseñaron que los sueños eran asunto de psiquiatras, nuestro trabajo era científico. Bien, aunque la ciencia es buena, nunca ha descifrado los poderosos misterios de los sueños. Esas imágenes que ponemos en nuestras mentes, esas proyecciones de lo que queremos que suceda, son muy reales, y tienen efectos muy ciertos en nosotros. ¿Cómo puede un sueño, un trozo de ilusión, cambiar nuestra bioquímica, alterar nuestros sistemas inmunológicos y hacer poderosos a los oprimidos? Suena a algo sin sentido. Es algo no científico.

Un comentario acerca de lo "científico": la ciencia es una excelente herramienta, un maravilloso acercamiento al aprendizaje. El método científico nos ha ayudado a descifrar muchos misterios de la naturaleza, a trasplantar corazones y enviar cohetes a la Luna. Si bien elogiamos la ciencia, no deberíamos perder de vista el hecho de que esta es solo un acercamiento al aprendizaje. Tiene muchas fortalezas, pero es limitada.

Cuando queremos reprimir algo, decimos que es algo "no científico". Bien, el hecho de que el método científico no pueda explicar algo no significa que sea algo malo o inútil. Decir que algo no es científico significa que la ciencia no puede explicarlo. No hay nada malo con el "algo". El problema está en las insuficiencias de la ciencia. Las cosas que no son científicas no son malas o buenas. Por ahora, y quizás para siempre, están fuera del reino de la ciencia.

Los sueños no son científicos porque, hasta ahora, han desafiado la ciencia, la cual no ha podido diseccionarlos y definirlos. Sin embargo, como médico, puedo decirte que los sueños son muy poderosos. Barry y yo hemos escrito acerca de muchos, muchos pacientes que, en mi opinión, han sobrevivido porque se atrevieron a soñar que así sería. Quizás no sea muy científico, pero yo digo, adelante, sueña un poco. Sueña en grande. Sueña mil sueños.

La ciencia de los sueños

Habiendo dicho que es culpa de la ciencia que los sueños no sean científicos, me gustaría indicar que algunos investigadores están comenzando a dar una mirada científica a los misterios de la mente. Los investigadores de la Universidad de California en Los Ángeles trabajaron con un grupo de actores a quienes se les dio instrucción de representar escenas felices y tristes. Actuar, al igual que soñar, es una forma de pretender.

Ellos eran actores de "método", así que se involucraban mucho en sus partes. Querían "convertirse" en la persona a quien interpretaban, sentir, oler, tocar, respirar y ver todo como lo haría su personaje.

Se les pedía que representaran escenas "felices" y "tristes". Y se midió su inmunoglobulina secretora A o IgA, que es una indicación de la fortaleza del sistema inmunológico. La IgA es un anticuerpo que se encuentra en la boca y en otras partes que protegen el tracto respiratorio y otras partes del cuerpo.

Cuando ellos representaban las escenas "felices", su IgA aumentaba. Cuando representaban las escenas "tristes", esta disminuía. Actuar o soñar aumentaba y afectaba sus sistemas inmunológicos. Como mis profesores me decían cuando estaba en la escuela de medicina, la psiquis juega un papel importante en nuestra salud física, incluso si estamos actuando.

En el año 1979, una de mis pacientes, una reconocida y bella actriz, vino a verme, quejándose de ansiedad, palpitaciones, dolores de cabeza y otros problemas. Era evidente que estaba sufriendo los efectos adversos del estrés, pero, ¿de dónde provenía el estrés? La acompañé al estudio de grabación en Burbank, justo en las colinas de Hollywood en Beverly Hills. Allá, en el centro de un inmenso y polvoriento hangar, había una suntuosa habitación de utilería, rodeada de sillas, cámaras y otros equipos. Alrededor de la misma había actores, electricistas, asistentes, camarógrafos, mandaderos y muchas otras personas, comiendo, bebiendo, hablando y, en su mayoría, se veían aburridos. Para mí estar en el estudio de grabación era emocionante, pero para ellos era algo común.

Mi paciente salió, vestida muy glamorosa para realizar su actuación, y se sentó conmigo al lado del sitio de grabación. Yo había llevado parte de mi equipo, así que, mientras ellos grababan una escena sin ella, revisé su presión arterial, ritmo cardíaco e hice un electrocardiograma. Verifiqué su tensión muscular usando un electrodo en su frente. Medí la temperatura en sus dedos, el sudor y la impedancia eléctrica de sus manos, y tomé unas muestras de sangre.

Luego el director la llamó, y ella pasó al set de grabación. El protagonista masculino se encontraba acostado en la cama, se suponía que estaba dormido. Mientras yo miraba con fascinación, mi paciente actuó una escena en la que se enfadaba tanto que lo asesinaba a él apuñalándolo. Yo sabía que era una película, pero era tan buena actriz que lo creí. El director gritó "corte" y ella volvió pronto a mi lado para que yo la pudiera examinar de nuevo. Sus manos estaban frías, húmedas y temblaban. Su presión arterial estaba elevada. Tenía taquicardia (ritmo cardíaco elevado). La temperatura de la piel de sus dedos había disminuido más de 20° Fahrenheit. La conductividad eléctrica de su piel había cambiado. Su tensión muscular había aumentado notoriamente. Estas y otras mediciones mostraron que esta actriz ejecutaba sus papeles tan bien, que engañaba a su cuerpo al igual que a su público. Su cuerpo reaccionaba al peligro y las emociones que pretendía sentir. Su fingimiento invertía su química corporal en muy poco tiempo. Y algunos de esos cambios tuvieron efectos negativos y duraderos en su salud. Sin embargo, todo era un sueño.

No somos actores. No podemos actuar escenas felices y tristes como ellos lo hacen. Pero somos soñadores, y en nuestros sueños todos somos los mejores actores. Actuemos. Soñemos el sueño. Estos pensamientos positivos pueden conducir a acciones positivas.

Sin sueños para soñar

Hace poco, una mañana, vino a mi oficina una hermosa mujer quejándose de dolor de estómago y de espalda. Después de tomar toda su historia personal y clínica, y tras de examinarla, tomé asiento con ella para hablar. La conversación apenas había comenzado cuando ella dijo "soy un fracaso". (Me estremezco cuando escucho a otros decir eso). La mujer, Alicia, me dijo que tenía 45 años y de inmediato empezó a llorar. Cuando se recompuso, me dijo que había renunciado a una empresa pequeña pero exitosa para ir a Los Ángeles a casarse con un hombre, y que el matrimonio había durado apenas tres años, el divorcio había sido amargo y su intento por iniciar una nueva empresa había fracasado (y así sucesivamente). "Soy un fracaso", dijo varias veces.

Cuando le pregunté cuál era su sueño, Alicia me miró como si le estuviera hablando marciano. "¿Sueño? Yo no sueño con nada".

"¿Qué cosas grandes quieres lograr?", pregunté.

"Yo no puedo hacer nada grande. Los fracasos como yo no tienen nada qué soñar".

¿Alicia era un fracaso? Bien, su matrimonio y su segunda empresa fallaron. Con todo, su primera empresa había tenido éxito. Durante nuestra conversación, ella admitió que había triunfado muchas veces en la vida. Es verdad, había tenido grandes adversidades, pero no era un fracaso. El problema estaba en su percepción. Ella *creía* que lo era.

Alicia no era un fracaso, era una actriz interpretando el papel de un fracasado, actuando una escena infeliz en repetidas ocasiones. Ella había actuado la escena infeliz y ahora no podía dejar el guion a un lado. Actuaba una y otra vez la terrible escena, sin pasar la página para entrar a la siguiente escena, sin nunca tomar un nuevo guion.

Levantando el telón del éxito

Todos y cada uno de nosotros hemos fracasado en algún momento de nuestras vidas, pero no somos fracasados. Las personas suelen desnudar su alma frente a sus médicos. Muchos, entre lágrimas, me han dicho que son totales y miserables fracasos en cualquier manera posible. Sin embargo, cuando revisamos sus vidas con atención, encontramos que no son ningunos fracasados. Solo son actores tan atrapados en una escena infeliz, que olvidan pasar la página. Todavía no he encontrado a la primera persona que no haya hecho nada bueno en su vida, o que no pueda llegar a una mejor página en su guion. Todavía no he conocido a nadie a quien haya podido hacer pensar en su único triunfo y que no haya comenzado a mejorar.

Le dije a Alicia que incluso una larga cadena de errores y adversidades no quiere decir que se es un fracaso. Y, aunque lo fueras, serías un fracaso en un área como la de los negocios o el matrimonio, pero todavía hay otras áreas. La vida es multifacética. Si lo piensas, es probable que hasta la persona más "exitosa" del mundo tenga más fracasos que triunfos. Conozco a un excelente programador de computadoras que apenas puede escribir una frase completa, y cualquier niño de diez años lo supera en cualquier deporte. Conozco a un muy "exitoso" director de cine a quien sus hijos odian porque es intolerable. Soy un médico "exitoso" en Beverly Hills, sin embargo, se me dificulta hacer algo que requiera mayor técnica que poner una bombilla. Tuve que pedirle a Barry que viniera a mi casa para mostrarme cómo operar el nuevo reloj de alarma electrónico que mi esposa compró. Debido a nuestros diferentes talentos e inclinaciones, todos nos desempeñamos bien en algunas áreas y no tan bien en otras.

¿La vía técnica hacia dónde?

Cuando estaba en la escuela secundaria, teníamos tres "vías a seguir". Ir a la universidad, trabajar en los negocios u obtener un empleo técnico. Lo técnico era para aquellos chicos que la escuela consideraba no tan listos. Yo estaba en la parte técnica. Tomé talleres de carpintería, metalurgia, electricidad y cualquier otro taller disponible. No podía hacer nada. No podía cortar madera y que me quedara derecha, no podía martillar un clavo, no podía hacer bien un doblez de metal. Un día en el taller eléctrico, hice un corto circuito en todo. No solo afecté el suministro de energía de mi mesa, sino de todo el taller. Era tan inepto que constituía un peligro. El maestro solía darme cinco centavos para que no entrara a clase. Y esa no es la única clase de la que me sacaron. En una ocasión, pasé un mes entero sentado en un banco fuera de la oficina del director en la escuela primaria. No se me permitía volver a clases hasta que mi madre hablara con el director. Sin embargo, su carácter era tan agresivo que no me atrevía a decirle que estaba pasando los días sentado en el banco. Todavía estaría sentado ahí si un vecino no me hubiese visto y le hubiese dicho a mi madre.

¿Soy exitoso? He salvado a personas a punto de morir, es verdad, pero como todos los médicos, he cometido errores. Me llevo muy bien con algunos de mis hijos, mientras que con otros la relación está en progreso. Algunos de mis hijos son chicos "positivos" con mucha confianza en sí mismos, mientras que otros todavía luchan. He construido una prospera práctica médica, pero, insisto, he sido víctima de estafadores, algunos astutos y otros no tanto. He ganado mucho dinero, pero también he perdido otro tanto. Una vez estuvimos a punto de perderlo todo. Si lo sumas, a lo largo de mi vida, quizás he fracasado más veces que las que he tenido éxito.

El guion de mi existencia está lleno de fracasos y escenas infelices. También hay escenas llenas de éxito y alegría. Cuando encuentro una escena difícil, hago mi papel y paso la página. Cuando llego a una escena feliz, saboreo mi parte y la recuerdo. ¿Soy exitoso? Sí, pero solo me concentro en las cosas buenas que he hecho. Miro las cosas infelices (espero aprender de ellas) y luego miro lo bueno. Espero al futuro con los ojos llenos del éxito del pasado.

Un hombre lisiado sueña con escalar una montaña alta. Una pequeña niña atormentada por una madrastra demente sueña con hacer felices a sus propios hijos. Un chico atascado en una carpintería sueña con ser médico. Ellos eran soñadores. Eran actores interpretando escenas en el teatro de su mente, escenas que no habían sido escritas aún. Estaban escribiendo escenas que querían interpretar en el futuro. Soñaron un pequeño sueño de grandes cosas.

Los fracasados son personas que se han estancado en las escenas infelices. Ellos pueden convertirse en triunfadores si bajan el telón, pasan la página y luego vuelven a abrir el telón en una nueva escena. Incluso cuando interpretes las partes difíciles, sigue soñando con las buenas partes que han de venir.

Siempre un sueño

Si somos actores, también somos escritores. Los sueños son nuestros lapiceros. La pequeña Rachel era una escritora prolífica, tenía miles de sueños, uno para cada ocasión. Otros solo escriben una escena, ejecutándola y refinándola una y otra vez. ¿Qué sucede si no tienes un sueño, como Alicia? Muchas personas que han sido golpeadas por la vida me han preguntado qué clase de sueños podrían tener. "Todas mis esperanzas quedaron destrozadas", me dijo una mujer. "Mi esposo y mis hijos murieron en un accidente automovilístico. Perdí una pierna. El conductor que nos arrolló no tenía seguro. La compañía del seguro de vida de mi esposo todavía está reteniendo mi dinero por un tecnicismo. Perdí mi casa, no tengo nada. ¿Qué clase de sueños podría tener?"

Tengo una pequeña perspectiva de lo que esta mujer siente, porque yo, también, perdí una hija. Sé que a veces es difícil desprendernos de las escenas tristes. Sé que tendemos a quedarnos estancados y no podemos creer que en nuestro futuro pueda haber algo diferente de la miseria. ¿Qué clase de sueño puedes tener cuando estás ante la tumba de tu hijo, mirando cómo el ataúd baja?

Hace pocos años, una mujer llamada Candy Lightner perdió su hijo por culpa de un conductor ebrio. Candy soñó con sacar a los conductores ebrios de las vías, para que otros padres no tuvieran que enterrar a sus hijos. El sueño de Candy dio inicio a Madres contra los conductores ebrios (MADD, por su sigla en inglés). Su sueño hizo una gran diferencia. Su sueño ha salvado muchas vidas al ayudar a cambiar nuestras leyes y actitudes hacia los conductores ebrios. El sueño de Candy surgió justo a partir del mayor desespero que pueda imaginar. Su sueño les dio un tesoro a personas de todas partes: vidas salvadas, porque ahora hay menos ebrios conduciendo.

Siempre hay un buen sueño para soñar. Los mayores sueños pueden surgir de las noches más oscuras.

¿QUÉ SUEÑO PUEDES TENER?

"Siento que la mayor recompensa por hacer algo
es la oportunidad de hacer más".
—Jonas Salk

Alicia dijo que no tenía sueños para soñar. Cuando las personas me dicen que no saben qué soñar, les pregunto:

- ¿Qué es lo que más te importa?

- ¿Qué te hace llorar?

- ¿Qué acelera tu corazón?

- ¿Qué te hace sonreír?

- ¿Qué te hace sentir bien contigo mismo?, ¿cómo puedes hacer que los demás se sientan igual?

- ¿Qué injusticias te hacen querer ayudar a otros?

- ¿Qué te hace pensar "si tan solo...?"

- ¿Qué anhelas que suceda?

- ¿Qué recuerdos agradables tienes?

- ¿Qué quisieras poder hacer?

- Cuando eras niño, ¿qué te gustaba hacer?

- ¿Qué querías ser cuando crecieras?

- ¿Qué deseas haber hecho por un ser querido que ya falleció?

- ¿Qué deseas que todos hicieran por sus seres queridos antes de que fallecieran?

- ¿Cómo harías sonreír a un niño triste?

- ¿Qué te gustaría hacer por los menos privilegiados?

- ¿Qué planes tienes para hacer que este país o este mundo sean un mejor lugar para vivir?

Tomo asiento con mis pacientes y les hago preguntas como estas. Sus respuestas por lo general les dan el sueño. Si aun así no pueden pensar en un sueño, les digo cuál era el sueño de mis padres: una mejor vida para mí, su único hijo. Mis padres hicieron realidad su sueño trabajando turnos extra, tratando de ayudarme con mi tarea que ellos mismos no entendían, ahorrando sus centavos para comprarme un guante de béisbol o una gorra de los chicos exploradores, animándome a alcanzar las estrellas. Nunca ganaron mucho dinero, nunca fueron líderes de hombres, nunca invirtieron en nada, pero fueron muy exitosos.

Todo padre que se sacrifica para poner una sonrisa en el rostro de sus hijos es un triunfador. Todo hijo adulto que cuida de sus padres ancianos es alguien exitoso. Toda persona que ayuda a otra, o que deja el mundo siendo un mejor lugar, es un gran éxito.

El éxito es fácil de encontrar. Solo busca tu gran sueño de ayudar a otros. Los sueños son fáciles de encontrar. Hay miles de sueños encerrados en tu interior. Deja salir uno, persíguelo hasta los confines de la Tierra y tendrás mucho éxito.

Soñando toda la noche

Candy Lightner se mantuvo fiel al su sueño de MADD por mucho tiempo, en medio de muchas dificultades, antes que rindiera fruto. ¿Por cuánto tiempo puedes aferrarte a un sueño? En febrero 23 de 1991, el periódico *Los Angeles Times* publicó una historia titulada "La diva de abajo". Al parecer, una mujer llamada Ealynn Voss, la única hija de una pareja de inmigrantes alemanes pobres, quería ser cantante de ópera. Después de graduarse de la universidad, se presentó a varias audiciones, incluso viajó por toda Europa durante los años 1970 buscando papeles para interpretar. Nadie le ofreció trabajo, así que terminó en Malibú, California, trabajando como niñera.

Cuidaba niños, cocinaba y fregaba pisos. Ella describía cómo, al finalizar cada agotador día, miraba al océano con un "sentimiento de gran desaliento".

A pesar de su desánimo, nunca renunció a su sueño. Si no podía ser una gran cantante de ópera, por lo menos podía responder al anuncio en el que buscaban un director a tiempo parcial para el coro de una iglesia local. Obtuvo el empleo y cantaba algunos solos en otra iglesia. Un cantante de ópera retirado la escuchó y captó su sueño. Durante seis años, el cantante retirado y su esposa trabajaron con Ealynn y la entrenaron. Cuando sintieron que ya estaba lista, enviaron grabaciones de ella a sus viejos contactos. Funcionó.

En 1988, la niñera cantante viajó por todos los Estados Unidos, Europa y Australia. Hoy, a la edad de 41 años, su sueño de niñez finalmente se ha hecho realidad. Ella debutó en la presentación *Elektra* de Richard Strauss con la Ópera del Centro de música de Los Ángeles. Fue programada para cantar con la Ópera de la Ciudad de New York y obtuvo otro contrato en 1993, cantando *Aida* con la ópera del Centro de música de Los Ángeles.

Aunque había crecido en la pobreza, nunca había dejado de soñar. A pesar de no haber obtenido un empleo como cantante, nunca dejó de soñar. Catorce años cuidando niños y fregando pisos no lograron detenerla para que dejara de soñar con ser una gran estrella de ópera. Las páginas siguen pasando. El telón ha subido con una nueva escena maravillosa en la vida de Ealynn. La luz ahora está sobre ella, porque nunca dejó de soñar.

Ealynn no es la única que sabe cómo aferrarse a un sueño. Justo después de su artículo, había otra historia acerca de dos "suplentes". Los suplentes son actores que estudian cada papel en una obra. Estos dos suplentes, Kerrianne Spellman y Daniel Friedman, han memorizado cada línea, cada paso, cada nota que cantan los 27 diferentes personajes en el gran musical *Los miserables*. Por lo general, no saben qué papel van a hacer hasta que entran al teatro poco antes de que el telón suba y ven cuál actor no pudo llegar. Ellos quisieran ser los protagonistas, no los suplentes. Pero, mientras eso sucede, sueñan con lo que pueda pasar.

Corriendo la carrera

La historia está llena de soñadores que nunca renunciaron a sus sueños, sin importar los muchos fracasos que tuvieron que enfrentar. Mahatma Gandhi trabajó por años para liberar a su país. Martin Luther King peleó y murió por su gran sueño. Cuando era niño, un hombre llamado Glen Cunningham corría por su sueño. Cunningham, el gran atleta de milla de los años 1930, había sufrido graves quemaduras en su pierna por un incendio que hubo en su escuela cuando era niño. Tras el accidente, todos se preguntaban si podría volver a caminar. Pues bien, caminó y luego corrió. Estableció la mejor marca de secundaria, luego la de la universidad, luego la nacional y luego la marca mundial de la milla. Él representó a los Estados Unidos en dos ocasiones en los juegos olímpicos, ganando una medalla de plata en 1936. ¿Por qué un chico que se suponía que no debía volver a caminar sueña con ser un atleta de clase mundial? ¿Por qué no?

Barry y yo hemos corrido varias maratones cortas en la Universidad de California en Los Ángeles, la Rose Bowl, Century City, y en otras partes de Los Ángeles. En cada carrera, a los competidores nos dividen por categorías según edad y sexo. También hay otra categoría: los competidores en silla de ruedas. Estas personas han perdido el uso de sus piernas, pero compiten en sillas de ruedas con diseños especiales y "van por el oro". En una competencia de 10 kilómetros, Barry se unió a todos los demás en una ovación de pie cuando una mujer de cabello blanco y de más de setenta años cruzó la línea de meta.

Sabemos que hay otra persona compitiendo, tratando de ver su sueño hecho realidad antes de que sus ojos se cierren para siempre. Debra es una mujer que, como la pequeña Rachel, sufrió fuertes abusos por su madrastra demente. Al igual que Rachel, Debra soñaba con abundante amor para con sus propios hijos, dándoles todo lo que ella no recibió. Por desgracia, Debra, quien se casó tarde, no pudo tener hijos. Después de muchos años de intentarlo, pero antes de poder adoptar, su esposo murió, dejándola casi en la pobreza.

Con todo, Debra nunca dejó de soñar. Si no podía tener sus propios hijos, podía soñar un nuevo sueño. Podía trabajar como voluntaria para ayudar con los Olímpicos Especiales. De esta manera, esta mujer sin hijos se convirtió en la madre de todos. Ella decía que, aunque se había perdido el gozo de tener sus propios hijos, año tras año tenía el gozo infinito de ver a todos esos niños ganar. Y todos eran ganadores, todas las veces, añadió.

Quisiera poder terminar la historia aquí, pero no tiene un final tan sencillo y feliz. Verás, por un tiempo, Debra notó dolores estomacales y otros problemas. Cuando fue al médico, se enteró que tenía cáncer de estómago. Su médico le dijo que le quedaban tres meses de vida.

Yo soy médico, he diagnosticado a muchos pacientes con cáncer, pero nunca pude decirles que les quedaban seis meses de vida o dos, cinco años o cualquier otro tiempo. Conozco todos los promedios. También conozco que no existe el paciente "promedio". Cada uno es una persona. Cada uno vivirá más o menos tiempo, dependiendo de muchos elementos, incluyendo sus creencias y sus deseos.

En Debra la creencia batallaba con el deseo. Ella creía firmemente en la medicina moderna. De verdad, le creyó a su médico cuando le dijo que le quedaban tres meses de vida. Ella se encontraba trabajando con una chica discapacitada en particular, un pequeño ángel llamado Lindsey, quien parecía ser la hija que Debra nunca tuvo. "Por sobre todo", decía, "quiero ver a Lindsey correr en un estadio lleno de espectadores, quiero verla cruzar la línea de meta, quiero llorar de orgullo al ponerle una cinta".

Faltaban seis meses para los Juegos Olímpicos Especiales. El hecho de que Debra creyera que iba a morir en tres fue un terrible golpe. Creer que vas a morir es como verter un millón de gérmenes en una herida abierta. Por fortuna, su deseo de permanecer hasta que Lindsey cruzara la línea de meta ahogó la terrible creencia que tenía. Cuando le pregunté cómo había soportado el dolor, me dijo que el secreto estaba en mirar al futuro y ver lo maravilloso que iba a ser. Ella dijo que había desarrollado esa técnica cuando era niña y su madrastra la golpeaba. "A medida que empeoraba, más fuerte cerraba mis ojos y veía que el futuro sería bueno", explicó. "Dado que las cosas que veía con mis ojos abiertos eran tan malas, con mis ojos cerrados miraba las cosas buenas del futuro". Esta asombrosa mujer describió como le había enseñado a Lindsey a "ver con sus ojos cerrados, porque es así como ves con mayor claridad".

"¿Qué quieres decir con que así es como puedes ver con mayor claridad?", pregunté.

"Con tus ojos cerrados, puedes eliminar todas las distracciones y ver el futuro como lo quieres".

A pesar del gran dolor y debilidad que la embargaron desde el momento cuando el médico le anunció que estaba condenada, Debra trabajó con Lindsey varias veces a la semana. Así como Debra luchaba por mantenerse con vida, aparentemente la joven Lindsey también. No sé cuál era la enfermedad de Lindsey, pero, en el lapso de seis meses, estuvo hospitalizada en tres ocasiones. Tres horribles visitas que dejaron a la pequeña exhausta y con tan poca energía que apenas podía caminar. Aun así, la mujer y la chica entrenaban para los juegos, una esperando ganar una cinta, la otra, determinada a entregarle esa cinta a su amiga. Debra me dijo que, aunque su sueño original de tener hijos para amar nunca se hizo realidad, su nuevo sueño era igual de bueno.

Vi a Debra cuando faltaban solo dos semanas para los Juegos Olímpicos Especiales. No sé qué le dolía más, si el cáncer, el tratamiento, o la insistencia de su médico que afirmaba que moriría en poco tiempo. Por fortuna, ella tenía un increíble deseo de vivir, al menos hasta los juegos.

Supe que lo iba a lograr cuando escuché que esta paciente silenciosa y muy dócil literalmente le gritó a su médico exigiéndole que dejara de decirle que iba a morir. Gritó algo como "¡maldición! ¡Usted no me va a quitar mi sueño! ¡Salga de aquí!"

Su deseo de ver su sueño hecho realidad barrió con la creencia de que no lo podría lograr. De inmediato, comenzó a mejorar y , poco después, salió del hospital. Estaba muy débil y se le aconsejó que permaneciera en el hospital, pero insistió en asumir su posición como la entrenadora de Lindsey en los Juegos Olímpicos Especiales. La valiente chica compitió, y la valiente mujer le entregó su cinta. Todos fueron ganadores en aquel día, en especial la mujer cuyo nuevo sueño se había hecho realidad.

Rx: VIENDO CON LOS OJOS CERRADOS

Soñar es actuar. También es ver el futuro que quieres para ti. Es verte a ti mismo como quisieras ser, donde quisieras estar y cómo quisieras que fuese. Soñar es ver con tus ojos cerrados. Sueña tu sueño todos los días. Cuando las cosas estén bien o no tan bien, cuando estés feliz, cuando estés triste, cuando seas rico, cuando seas pobre, cuando estés disfrutando del éxito, cuando estés en medio del fracaso, sueña tu sueño.

Al menos una vez al día, y mejor si lo haces tres o cuatro veces, visualiza tu futuro. Míralo con tus ojos cerrados. Encuentra una habitación tranquila, una silla cómoda, desconecta tu teléfono, afloja tu ropa y sueña tus sueños. Cuando hayas terminado, mantén una imagen en tu mente, concéntrate en una pintura mental de algo maravilloso mientras dices:

Con mis ojos cerrados veo el brillo del sol y alegría.

Y cuando veo, puedo ser.

Con mis ojos cerrados veo risas y amor.

Y lo que veo, será.

Con mis ojos cerrados veo el futuro delante de mí.

Y lo que veo, es.

¿Recuerdas a Mary Lou Retton, la pequeña gimnasta que ganó la primera medalla de oro para los Estados Unidos en gimnasia femenina en los olímpicos de 1984? Ella solía soñar mucho, soñaba con ganar. Ella se veía saltando, dando giros, volando por el aire y teniendo aterrizajes perfectos. Ella visualizaba el tablero de puntaje encendido con un "10" perfecto. Veía a sus padres y a su entrenador aplaudiéndola. Veía la medalla que ganaba. Y veía el gran contrato de los cereales Wheaties en sus manos. Ella veía su futuro con frecuencia.

Es una técnica vieja, pero muy buena. Muchos atletas de primera categoría incluyen los sueños como parte de su entrenamiento. Ellos cerraban sus ojos y se veían a sí mismos ejecutando movimientos perfectos. Un estudio sobre baloncesto mostró cuán efectiva puede ser la técnica. Se hicieron tres grupos entre jugadores y se les dijo que iban a participar en un concurso para ver quién podía hacer más anotaciones. Al primer grupo se le dijo que practicara sus lanzamientos. Al segundo grupo, se le dijo que practicara mentalmente, visualizándose a sí mismos haciendo las anotaciones. El tercer grupo no recibió ninguna instrucción en particular. En el momento señalado, los tres grupos fueron sometidos a prueba. El segundo grupo, el que había visto con sus ojos cerrados fue el que mejor desempeño tuvo.

Hace años, algunos de mis colegas insistieron en que jugara golf con ellos. Mi "juego" de golf consiste en golpear de vez en cuando la pelota blanca y luego pasar mucho tiempo buscándola. Es obvio que no soy un buen golfista, sin embargo, he enseñado a muchos golfistas a mejorar su juego practicando en sus mentes.

ACCIÓN CON LOS OJOS BIEN ABIERTOS

"... el sueño de ayer es la esperanza de hoy y la realidad de mañana".
—Robert H. Goddard

Ahora que puedes verlo, ¡hazlo! Junta tus pensamientos positivos con acciones positivas. Fortalece tus pensamientos positivos con acciones positivas. Escribe las respuestas a estas preguntas:

- ¿Qué es lo que más te importa?

- ¿Qué te hace llorar?

- ¿Qué acelera tu corazón?

- ¿Qué te hace sonreír?

- ¿Qué te hace sentir bien contigo mismo, cómo puedes hacer que los demás se sientan igual?

- ¿Qué injusticias hacen que quieras ayudar a otros?

- ¿Qué te hace pensar "si tan solo...?"

- ¿Qué anhelas que suceda?

- ¿Qué recuerdos agradables tienes?

- ¿Qué quisieras poder hacer?

- Cuando eras niño, ¿qué te gustaba hacer?

- ¿Qué querías ser cuando crecieras?

- ¿Qué deseas haber hecho por un ser querido que ya falleció?

- ¿Qué deseas que todos hicieran por sus seres queridos antes de que fallecieran?

- ¿Cómo harías sonreír a un niño triste?

- ¿Qué te gustaría hacer por los menos privilegiados?

- ¿Qué planes tienes para hacer que este país o este mundo sean un mejor lugar para vivir?

La mayoría de personas encontrará sus sueños entre estas respuestas. Quizás tu sueño te preocupe o trate con otros. Es posible que sea un sueño nuevo. Es posible que sea un sueño viejo que nunca se hizo realidad. Puede ser algo que puedes hacer por ti mismo o quizás requiera ayuda. Cualquiera sea el caso, cualquiera sea tu sueño, míralo con tus ojos cerrados, luego trata de hacerlo realidad. Si buscas tu sueño durante toda una vida, pero nunca se hace real, aun así, seguirás siendo un triunfador, porque la mayoría de la diversión está en intentarlo.

El sueño de la pequeña Rachel se hizo realidad, y también puede suceder lo mismo con el tuyo. Míralo con tus ojos cerrados, míralo tan bien que se haga real.

CAPÍTULO CUATRO

JUNTOS

"Los dos juntos es mejor que todos".
—Proverbio inglés

Cuando era niño, pasaba mucho tiempo con mi abuelo, quien era una persona ruda, pero amable. Él tenía un interés especial en mí, quizás porque, de entre todos sus otros nietos, yo era el de menor importancia. Está entre mis primeros recuerdos, ya tenía más de sesenta años y medía unos 5 pies con ocho o nueve pulgadas, tenía un bigote blanco en el centro de su cara redonda. Había trabajado duro toda su vida y sí que era fuerte. La gente lo desafiaba apostando a que no podía levantar un saco de patatas de cien libras. Él apostaba diciendo que podía levantar *dos* sacos y llevarlos hasta la esquina. Siempre ganaba la apuesta.

Mi abuelo fue campesino del campo antiguo. En los Estados Unidos, tuvo dos oficios: fue dueño de una pequeña granja familiar en New Jersey y fue zapatero en Filadelfia. Sin embargo, había pasado la mayor parte de su vida ayudando a los pobres. Él sentía que todos teníamos el deber entre nosotros y ante Dios de hacer el bien. En ese entonces, no había entidades oficiales de caridad, al menos ninguna que yo conociera. Los pobres se empobrecían más. Mi abuelo recolectaba ropa para los pobres, aunque él tenía muy poca. Recuerdo que lo acompañaba en su viejo camión a recoger pan en las panaderías de la calle 4ª con South en South Philly. Esa era toda una aventura para un niño, estar en uno de los pocos camiones que recorrían las calles de ese entonces. Aquellos eran días en los que el lechero pasaba cada mañana con un caballo y una carreta, cuando los vendedores de vegetales empujaban sus carros por las calles gritando "patatas" y "manzanas", cuando el afilador de cuchillos empujaba un carrito con una piedra de afilar e iba casa por casa. Recuerdo a un joven, de unos veinticinco años, que caminaba por la calle llevando una docena de escobas en sus hombros y gritando "escobas, escobas, compren sus escobas". Las calles tenían vida, estaban llenas de gente, con comercio, con juegos. Recuerdo al médico que iba de casa en casa. Tenía un auto, uno de esos extraños autos privados, pero siempre iba caminando.

Pues bien, mi abuelo y yo recogíamos grandes barriles de pan del día anterior, pan que los panaderos no habían podido vender. Él levantaba esos barriles, los ponía en su camión, y luego íbamos por todo el vecindario, llevando pan a los pobres. Todos los pasteleros conocían a mi abuelo. Al igual que las personas de los barrios pobres. Recuerdo que los panaderos, que eran generosos, se alegraban tanto de ver a mi abuelo como las personas pobres que recibían su ayuda. Ellos se gozaban mucho al dar.

Mi abuelo, que no tenía muchas riquezas, siempre me decía a mí que no tenía nada, que ninguna cosa era más gratificante que dar. En ese entonces, en tiendas y casas, la gente guardaba toda clase de envases, grandes latas con orificios en ellas. Mi abuelo tenía muchos de esos en su cocina. La idea era poner dinero en ellos y, con mucha frecuencia, alguien reunía dinero para comprar carbón y dárselo a los pobres durante el invierno, para comprarles ropa, darles alimento, para enviar a los más enfermos al campo y cosas similares. "La vida tiene significado cuando nos ayudamos los unos a los otros", decía él. "Siempre que nos ayudamos, le damos significado a nuestras vidas".

Mi abuelo tenía una fuerte convicción en este sentido. Muchos le decían que era absurdo desperdiciar su tiempo en acciones de caridad cuando no podía ganar más dinero para él y su familia, pero mi abuelo sentía que era su deber, que era un deber de todos. Siendo un hombre muy religioso, solía decir que, a su parecer, el mundo tenía sentido. Sabía quién era su creador. Sabía cuál era su deber y que podía hacerlo. Era así de simple. Siempre me dijo que hiciera el bien, solo por hacer el bien, no porque deseara una recompensa en esta vida o en la próxima. Es bueno cuando recibes una recompensa, pero no te preocupes por eso. Haz el bien por hacer el bien.

"Deber", "dar significado a nuestras vidas", "ayudarnos unos a otros": estas son ideas anticuadas. Sin embargo, para mi abuelo, eran sencillos conceptos de orientación para la vida. La devoción que mi abuelo tenía hacia la caridad le dio significado a su vida. Él no era solo un pobre granjero o zapatero, también era parte del gran esquema de la vida. Cuando alguien a quien él había alimentado hacía algo maravilloso, mi abuelo sentía como si lo hubiesen hecho juntos. Cuando un niño a quien había vestido durante el frío invierno crecía y se casaba, mi abuelo se regocijaba como si fuera su propia boda. Cuando los centavos que ponía en alcancías de caridad pagaban los servicios del médico que ayudaba en el parto de un bebé, mi abuelo sentía como si tuviera un nuevo nieto.

Para mi abuelo, los problemas imposibles no existían. Él siempre me animó a seguir en la escuela, a que me graduara de la secundaria. (Eso era algo muy elevado en mi vecindario). Incluso se atrevió a decirme que podía ir a la universidad, a la escuela de medicina, a la de leyes, lo que quisiera. "Ve", decía. "No te preocupes por nada, ve. Alguien como yo se asegurará de que tengas qué comer. Tú y yo juntos nos convertiremos en un médico".

Él tenía razón. Muchas veces cuando me desanimaba y quería renunciar, alguien me "daba pan". Cuando era un estudiante pobre, con poco dinero para alimentar a mi esposa e hijos y mucho menos para pagar la matrícula, vendía medicinas a los médicos. Tenía mi pequeña compañía, y todo nuestro inventario cabía en una caja. Debía estar loco, tratar de competir con las grandes empresas. Un día, estando sin dinero, como de costumbre, fui al ayuntamiento para presentar una oferta sellada para una licitación con el fin de vender medicinas a un hospital de la ciudad. Un hombre detrás del mostrador registraba en un libro todas las ofertas selladas. La oferta más baja ganaría el contrato. Todas las demás compañías ya habían presentado su propuesta y yo fui el último. Conversé por unos minutos con el hombre a cargo, a quien nunca antes había visto. Cuando llegó la hora de abrir mi oferta, él abrió el libro en la página indicada y le dio vuelta para que yo pudiera ver las cifras de las otras ofertas. Luego caminó hasta la ventana, volvió y me preguntó si estaba listo para presentar mi oferta. El precio que di fue un centavo por debajo de la oferta más baja. Con esto obtuve el contrato.

¿Por qué puso en riesgo su empleo para ayudarme? No me habría sorprendido que las grandes empresas hubiesen tratado de sobornarlo, pero él se expuso para ayudarme, y no obtuvo más que mi silenciosa gratitud. ¿Por qué lo hizo? Quizás sentía que era su deber.

Muchas personas me han ayudado a lo largo de los años. La mayoría han sido desconocidos y no sé por qué decidieron ayudarme. Solo puedo asumir que ellos, como mi abuelo, sentían que era un deber con su prójimo. Aunque mi abuelo murió antes de que terminara la escuela de medicina, él y yo, junto con todos los que me ayudaron, llegamos a ser un médico.

AGRADABLE *VS.* INCERTIDUMBRE

La vida nunca fue fácil para mi abuelo, pero para él todo tenía sentido. Él sabía quién era y qué se esperaba de él. Él sentía que era parte de su comunidad. Por medio de sus obras de caridad, llegaba a todas partes y alcanzaba a todas las personas. Cualquier alegría era su alegría, y cualquier pena también era su pena. El dar le dio mucha profundidad y significado a su vida. Nunca pensó en el futuro. Aunque pensaba que viviría para siempre, él sabía en su corazón que, cuando ya no pudiera cuidarse a sí mismo, habría alguien dispuesto a alimentarlo. Su vida siempre fue nueva, interesante y desafiante. Tenía un gran sentido de pertenencia.

Compara a mi abuelo con los brillantes científicos, en su mayoría jóvenes, que enviaron al hombre al espacio. En nuestra nación, a finales de los años sesenta y en los años setenta, mientras nuestro programa espacial disfrutaba de un éxito tras otro, los ingenieros en Cabo Cañaveral/Cabo Kennedy y sus familias eran los que tenían mayores índices de divorcio, consumo de alcohol, abuso de drogas y muerte súbita por ataques al corazón. Cuanto mejor era el funcionamiento de nuestros cohetes, peor les iba a sus creadores. Los científicos de cohetes no estaban sobrecargados con los factores de riesgo normales (colesterol elevado, consumo de cigarrillo, alta presión arterial, diabetes, obesidad), pero estaban disminuyendo a una tasa alarmante. Tanto así que nuestro gobierno se preguntaba si los rusos estaban tratando de destruir nuestro programa espacial envenenando a nuestros científicos.

Hace poco, pasé varias horas hablando con el doctor en medicina Robert Elliot, quien fue la persona que el gobierno de los Estados Unidos contrató para investigar lo que estaba sucediendo. Esperaba conocerlo en una conferencia en la que los dos estábamos programados como oradores, el taller para el factor de riesgo clínicamente relevante de enfermedades cardíacas en Springfield, Missouri. Llegamos en el mismo transporte desde el aeropuerto, así que tuvimos una excelente oportunidad para hablar. Él me dijo que fue una cuestión de lo AGRADABLE convertido en INCERTIDUMBRE.

Nuestros ingenieros de cohetes estaban bajo una gran presión (estrés) para ganarles a los rusos. Sin embargo, era un estrés agradable, una experiencia nueva, interesante y retadora. Por desgracia, siempre que los científicos demostraban su valía y se adelantaban a los rusos lanzando otro cohete, nuestro gobierno despedía a un grupo de ellos. Cerca de un 15% eran despedidos con cada lanzamiento exitoso. Según el doctor Elliot, entre 1965 y 1973, la fuerza de trabajo en Cabo Cañaveral/Cabo Kennedy fue reducida a la mitad. Ellos trabajaban duro, resolvían intrincados problemas de física e ingeniería, asombraban al mundo y luego quedaban sin trabajo. Un día eran los mejor pagados de la nación, los mejores y más brillantes y respetados científicos; al día siguiente, estaban empacando alimentos en un mercado local. El que antes había sido un entorno agradable se llenó de incertidumbre, temor y duda.

Los ingenieros de cohetes tenían buenos resultados en sus exámenes físicos y pruebas de laboratorio, y los factores estándar de riesgo coronario no estaban demasiado elevados. Entre los que habían muerto, los médicos rara vez consideraron como posible causa principal de muerte las arterias coronarias bloqueadas. Con todo, el doctor Elliot sí encontró un inusual y elevado nivel de ansiedad y depresión, además de sentimientos de desesperanza e impotencia. Ellos esperaban que callera el hacha. Sabían que, cuando eso sucediera, perderían su trabajo, su salario, su estatus y, en algún grado, su identidad.

Después de los informes de autopsia de ingenieros que habían caído muertos de repente, el doctor Elliot concluyó que sus sentimientos negativos conducían a excesiva producción de adrenalina y otros químicos del estrés que destruían parte de las fibras musculares que integraban el corazón. Ellos morían de incertidumbre, temor y dudas.

La ciencia de la incertidumbre

¿Puede el temor, la incertidumbre y la duda matarnos súbitamente? Sin duda, todos hemos escuchado historias, pero, ¿hay alguna evidencia sólida que vincule este tipo de estrés con una muerte repentina por causas cardíacas?

Hay mucha evidencia. Cuando tenemos miedo, incertidumbre y estamos llenos de muchas dudas, nuestro sistema nervioso responde inundando el cuerpo con adrenalina, cortisona y otras "hormonas de estrés". Esto está bien en una emergencia, pero pueden ser mortales cuando están presentes de manera constante. Si inyectaras grandes cantidades de adrenalina a perros mientras duermen, esto sería mortal. La incertidumbre de los ingenieros activaba la liberación de grandes cantidades de adrenalina en sus cuerpos. Si comparases las imágenes microscópicas de los corazones de perros con las de corazones de los ingenieros de cohetes que murieron por estas causas, verías las mismas lesiones (anormalidades). Sin duda, cinco minutos después de haber inyectado animales anestesiados con una variedad de "químicos de estrés", verías el comienzo del mismo tipo de daño al corazón que mató a los ingenieros. Encontrarás un daño similar en los corazones de personas que han sido asaltadas, y en pilotos de prueba que pierden el control de sus aviones. Es temor, incertidumbre y duda.

Si tomas conejos y los llenas de incertidumbre moviéndolos una y otra vez entre jaulas cómodas y muy llenas, sin nunca darles suficiente tiempo para adaptarse a una de las dos, caerían muertos después de seis meses. Es temor, incertidumbre y duda.

Si dejas que una agresiva musaraña de árbol ataque a una musaraña sumisa, y luego las separas, pero dejas que puedan verse entre sí, la musaraña sumisa permanecerá quieta y con temor la mayor parte del tiempo y terminará muriendo entre dos días y dos semanas. Es temor, incertidumbre y duda.

La incertidumbre puede hacer que nuestro corazón lata de manera irregular. Un excelente estudio realizado por Rozansku[4], registrado en el prestigioso *New England Journal of Medicine*, ilustró la relación entre el estrés mental y el corazón.

Rozanski encontró que la isquemia del miocardio (falta de oxígeno en el músculo del corazón, un trastorno potencialmente fatal) estaba afectando a pacientes con enfermedad arterial coronaria, a quienes se les pedía realizar algunas tareas con mucho potencial de estrés (tales como hablar en público, aritmética y recuerdos emocionales). Esta era una isquemia silenciosa que generaba cambios dañinos en el corazón y que el paciente no podía sentir, pero que los doctores podían supervisar.

El estrés mental/emocional también producía en algunos pacientes una disminución de la cantidad de sangre bombeada desde el corazón con cada contracción (conocida como la fracción de eyección). En un hallazgo igual de aterrador, los médicos encontraron movimientos anormales en las paredes del corazón (contracciones) en algunos de los pacientes. Estos efectos peligrosos y posiblemente fatales, afectaban a pacientes que estaban bajo estrés mental y emocional.

La incertidumbre no nos mata de repente, se toma su tiempo, aumentando poco a poco nuestro riesgo de infarto. Las sustancias que libera en nuestro cuerpo pueden aumentar el colesterol. Si examinas los niveles de colesterol de los pilotos, verás que la incertidumbre nos alista para un infarto al taponar nuestras arterias. Los pilotos navales caen en tres categorías de colesterol. Los pilotos de transporte tienden a tener los niveles más bajos. Los pilotos con base en tierra, cuyo trabajo es más peligroso, tienen mayores niveles. Los pilotos con base en portaaviones, quienes tienen los trabajos de más alto riesgo, tienen los niveles más elevados. Los contadores públicos sufren un notable aumento de niveles de colesterol durante la temporada de impuestos. La incertidumbre también puede aumentar la producción de ciertos "químicos de estrés" y puede hacer que nuestras plaquetas sean más "pegajosas", aumentando las posibilidades de un trombo o coágulo de sangre. Es temor, incertidumbre y duda.

¿Y qué de la incertidumbre e hipertensión? Aunque suele ser difícil indicar un factor, porque muchos están vinculados a la presión arterial, hay investigaciones que han mostrado una estrecha relación entre la hipertensión y el miedo, la incertidumbre y la duda. Un estudio realizado en 1962[5] indicó que los indígenas Zulus que se habían mudado a entornos urbanos tenían mayor presión arterial que los Zulus que permanecían en el entorno tribal tradicional. Dos estudios publicados en los años setenta[6][7] encontraron que las personas que viven bajo lo que he denominado áreas de "alta incertidumbre", con mayores tasas de crimen y más llamadas a servicios de emergencias policiales y de bomberos que otras áreas, presentaban mayores índices de hipertensión (presión arterial elevada). La "incertidumbre anticipada", el temor, la inseguridad y las dudas que sentimos cuando esperamos un reto pueden aumentar nuestra presión. El doctor Elliot[8] midió la presión arterial en jugadores de la Universidad de Nebraska. Su presión arterial promedio era mayor antes del juego que durante el entre-tiempo.

Los "químicos de estrés" inducidos por la incertidumbre tam-bién pueden hacer que nuestros cuerpos secreten insulina, lo cual eleva el espectro de diabetes, que en sí misma puede afectar nues-tras arterias, entre otras cosas. Si la incertidumbre es peligrosa, lo opuesto también es cierto. Si tratas de matar conejos alimentán-dolos con dietas que tengan alto contenido de colesterol, *consin-tiéndolos y hablándoles con frecuencia*, sus arterias no se endurece-rán tan rápido como las arterias de conejos alimentados con la misma comida, pero sin la misma atención agradable.

Décadas atrás, los epidemiólogos quedaron asombrados cuan-do encontraron un pequeño pueblo en Pennsylvania llamado Rosetta donde la incidencia (morbilidad) de enfermedad arterial coronaria y la tasa de mortalidad eran muy bajas. A pocas millas, sobre la misma vía, el pueblo de Bangor tenía la taza normal de mortalidad y discapacidad por enfermedad arterial coronaria. ¿Por qué las personas de un pueblo eran más saludables que las otras?

Rosetta había sido fundado a comienzos del siglo por corta-dores de piedra y sus familias provenientes del sur de Italia. Ellos tenían una dieta alta en grasas, lo cual los hacía buenos candida-tos para padecer infartos. Sin embargo, ellos tomaban una sies-ta después de un largo almuerzo, mantenían mucha cercanía en sus familias y relaciones amorosas. No eran personas ricas, pero creo que tenían vidas significativas. Sabían quiénes eran y cuál era su parte en la comunidad. Sabían que hacían parte de un grupo grande y atento. Al igual que los conejos, ellos eran "consentidos".

Sin embargo, su estilo de vida estaba cambiando en los años setenta. Los niños salían a la escuela y los fuertes lazos familiares se estaban debilitando. El pueblo estaba cambiando, los autos les dieron movilidad, la televisión marcó el final del relativo aislamiento del pueblo. Sus dietas siguieron siendo las mismas, pero los pobladores de Rosetta empezaron a verse afectados y a morir a una tasa más elevada de enfermedad arterial coronaria.

Llevando una vida de incertidumbre

Hay quienes no saben que llevan una vida llena de incertidumbre. En lo que conocen, y lo que otros pueden decir, son personas calmadas que abordan la vida con agrado. Con todo, por dentro pueden ser una bomba de tiempo.

Hace años solía conectar a pacientes a un equipo de biorretroalimentación que tenía en mi consultorio, las máquinas les ayudaban a aprender a relajarse al supervisar su progreso y darles retroalimentación. El doctor Elliot llevó esa idea un paso más lejos. Él ha sido el pionero del uso de equipos similares a los de biorretroalimentación para identificar lo que él llama "reactores calientes", personas que reaccionan a un pequeño problema con mucho estrés interno.

La técnica es sencilla: conectan a los pacientes a una pequeña máquina que mide su rendimiento cardiovascular cuando realizan varias tareas, tales como contar hacia atrás de siete en siete desde setecientos o jugar un videojuego. Contar hacia atrás de siete en siete desde setecientos, lo más rápido que puedas, es un poco difícil. Y el videojuego está alterado para que no puedes ganar.

El doctor Elliot estima que cerca del 20% de nosotros somos "reactores calientes". Aunque podemos vernos calmados y tranquilos por fuera, aunque parezca que no nos importa si ganamos en el video juego, nuestro cuerpo está reaccionando como si nuestra vida dependiera de ello. Las alarmas internas suenan tan duro y con tal intensidad, que producimos grandes y peligrosas cantidades de químicos de estrés. Somos como autos deportivos con el acelerador presionado hasta el fondo, corriendo por una vía tortuosa y con muchos baches. En cualquier momento, terminaremos sin gasolina o accidentados.

Los "reactores calientes" no necesariamente son personas con la personalidad Tipo A, a la que estamos familiarizados, es decir, personas hostiles y rudas que tienen que salir adelante a cualquier costo. Los "reactores calientes" pueden parecer personas relajadas o de verdad pueden ser personas relajadas. El punto es que el comportamiento no siempre refleja lo que sucede dentro del cuerpo. Aunque las personas impetuosas pueden hacernos difícil la vida, los "reactores calientes" pueden acortar sus propias vidas.

Es posible que los "reactores calientes" no sientan la incertidumbre, pero sus cuerpos están reaccionando de manera *exagerada* como si sí la sintieran.

Ratas, incertidumbre y Alice Cooper

Barry y yo presentamos una diapositiva en nuestros seminarios. La mitad izquierda de la diapositiva muestra la imagen de un músculo cardiaco normal de una rata. El músculo cardiaco se ve muy saludable, como si fuera tomado de un libro de texto. La mitad derecha de la diapositiva muestra una imagen de un músculo cardiaco normal de una rata muerta. Se ve terrible, los patrones claros y bien definidos de un corazón saludable están distorsionados.

Un grupo de ratas con músculos cardíacos muy saludables fue puesto en jaulas y forzado a escuchar una grabación de un gato persiguiendo ratas. Las pobres ratas escuchaban estos terribles sonidos durante quince minutos y luego descansaban durante otros quince minutos. Para ellas, el gato estaba muy cerca. Sentían que sus vidas estaban en peligro inminente. En poco tiempo, las ratas comenzaron a morir de incertidumbre. No había ningún gato cerca, y las ratas nunca estuvieron en peligro, pero morían. Y, tras una autopsia, los investigadores encontraron necrosados (muertos) los músculos cardíacos.

Una noche, hace unos catorce años, llegué a casa tarde, como solía hacerlo. Mi hija Bárbara, quien en ese entonces tenía doce años, me dijo: "Papi, quiero ir a ver a Alice Cooper".

Ya era tarde y yo estaba cansado, pero me sentí culpable por no pasar más tiempo con ella, así que le dije: "Bien, sube al auto y dime donde vive ella, te llevaré".

Bárbara me miró como si yo fuera un marciano. "¡Eres muy anticuado papi! Alice Cooper no es una mujer, es un hombre. ¡Y es una estrella de rock!"

Bien, a la noche siguiente estaba en el Forum con Bárbara y diez o doce mil niñas emocionadas. El sitio estaba lleno, todas las niñas saltaban en sus sillas y bailaban con la presentación de Alice Cooper. Yo no tenía idea de quién era Alice Cooper y no estaba interesado en la música, así que fui preparado. Llevé tapones para mis oídos, una pequeña linterna y un libro de medicina para leer.

Como a la mitad del concierto, Bárbara se inclinó hacia mí, retiró el tapón de mi oído derecho y gritó: "¡Papi" Me estás avergonzando!"

¿Alguna vez tus hijos te han dicho eso? Le pregunté cómo la estaba avergonzando. Ella dijo: "¡Eres la única persona leyendo un libro!"

Miré a la derecha y a la izquierda, adelante y atrás, y hacia los niveles superiores. Ella tenía razón. Yo era la única persona leyendo.

Volvió a decirme: "Me estás avergonzando porque eres la única persona leyendo. ¡Mañana, todos en la escuela van a estar hablando de eso!"

"Está bien, ¿qué te gustaría que hiciera?", pregunté. Insistió en que me parara sobre la silla y viera el concierto. Así que estuve de pie el resto del concierto, mirando al hombre del escenario cortar cabezas de gallinas de goma y hacer otras "presentaciones". Olvidé volver a ponerme mi tapón de oídos, así que, al día siguiente, tenía un terrible dolor de oído. No solo eso, también el dolor de cabeza era muy fuerte, me dolía la espalda, el cuello, y me sentía muy mal. Me preguntaba: ¿Será que Alice Cooper está teniendo sobre mí el mismo efecto que tuvo esa grabación sobre las ratas?

CUATRO PASOS PARA VENCER LA INCERTIDUMBRE

Por fortuna, somos más complejos que las ratas. Tenemos una mayor capacidad de interpretar y formar nuestras vidas. Para mi abuelo, la vida era agradable, siempre había una experiencia nueva, interesante y retadora. Para algunos de los ingenieros, la vida agradable de poner a estadounidenses en la Luna se convirtió en incertidumbre, porque temían perder su empleo. A veces, es difícil escapar a la incertidumbre. Por ejemplo, mientras Barry y yo escribimos esto, estamos escuchando los limitados informes de noticias con poca información disponible respecto a la entrada a Kuwait de la coalición de fuerzas liderada por los Estados Unidos el día uno del asalto por tierra. Mi ahijado, el soldado de primera Carlos Cueva, de la marina de los Estados Unidos, está allá. En su última carta, escrita a bordo de un buque de tropas, Carlos escribió que él y sus compañeros marines estaban esperando llegar a la playa. ¿Tengo miedo, estoy lleno de incertidumbre y dudas? Claro que sí. Y, para ser honesto, no hay mucho que pueda hacer para cambiar mis sentimientos. No ahora. Todavía no.

Por fortuna, la mayoría de las situaciones en la vida no son tan aterradoras como la posibilidad de perder a un ser querido. Sin embargo, así seamos reactores calientes o no, caemos en incertidumbre. ¿Cómo podemos mantenernos dentro de lo agradable?

#1 – Desarrolla una percepción positiva

Creo que el primer paso hacia lo agradable está en nuestra percepción. Verás, el estrés que nos impulsa hacia la incertidumbre no tiene por qué hacerlo. Lo que llamamos "estrés" por lo general es neutral, no tiene que ser bueno o malo. Los abogados, por ejemplo, suelen trabajar muchas horas. He tenido muchos pacientes abogados y conozco a muchos otros. (Mi hijo mayor y el cuarto, Howard y Steven, son abogados). Algunos de ellos miran su gran cantidad de trabajo como un desafío, una oportunidad de hacer algo bueno, para demostrar quiénes son ellos y salir adelante. Otros consideran que esa misma cantidad de trabajo es una carga increíble. El mismo estrés (mucho trabajo) puede ser agradable o generar incertidumbre, todo depende de cómo lo mires. Es cuestión de percepción.

Esto lo veo también con pacientes que se quejan de problemas estomacales o dolores de cuello, espalda y otros síntomas relacionados con el estrés. Imagina dos compañeros de trabajo que desempeñan las mismas funciones en una oficina. Uno de ellos es un hombre que considera que su trabajo no está al nivel de sus talentos, se resiente con las órdenes de su jefa y cree que podría ser rico si sus padres le hubiesen dado dinero para ingresar a la escuela de leyes. La otra es una hija de inmigrantes, está feliz de tener un empleo que le paga suficiente dinero para estudiar en las noches y está por terminar su formación técnica. Los dos desempeñan el mismo trabajo, reciben el mismo salario y están bajo las órdenes de la misma jefa.

Para él, el trabajo es terrible. Para ella, es una gran oportunidad de salir adelante. Es una cuestión de percepción.

Tuve un paciente, un hombre de 53 años llamado Fred, cuyo trabajo como capataz de construcción era agradable. Un día, los propietarios le dijeron a Fred que redujera los costos usando materiales más baratos y haciendo trabajos mediocres. Ellos le ordenaron que redujera los costos un 20%. Este fue un gran golpe para Fred, quien se enorgullecía de su trabajo. La incertidumbre lo golpeó como un mazo, de tal modo que terminó en mi oficina con una extensa lista de malestares. Él renunció a su trabajo en lugar de rebajar sus estándares, pero su reemplazo no tuvo problemas en hacer trabajos mediocres. El punto no es que Fred fuera mejor que el otro capataz, sino que lo que era incertidumbre para Fred era agradable para otra persona. Es cuestión de percepción. Es por eso que creo que el primer paso para convertir la incertidumbre en algo agradable está en cambiar nuestra percepción.

La percepción positiva nos permite controlar nuestro mundo cuando cambiamos la interpretación de todo lo que sucede. Desde el evento más insignificante hasta el más grande, nuestro mundo es un gran cuadro que pintamos con nuestra percepción. Creo que la percepción positiva es lo que hace que muchos de nuestros sueños se hagan realidad. También creo que soñar, y la capacidad de tener nuevos sueños, hacen parte vital de la percepción positiva.

Muchos soportamos terribles dificultades. La percepción positiva nos ayuda en medio de los días difíciles. Muchos creemos que somos fracasados: la percepción positiva ayuda a que nos concentremos en nuestro éxito. Al hacerlo, la percepción positiva puede fortalecer nuestras manos frente a las tareas que tenemos por delante.

¿Cómo desarrollamos percepción positiva? Soñando con las grandes cosas que podemos hacer, en especial aquellas que podemos hacer por los demás. Manteniendo los ojos fijos en nuestros triunfos, los del pasado y los que sabemos que están en nuestro futuro. Creyendo en nosotros mismos, sin importar las circunstancias o lo que los demás digan. Asumiendo el control de nuestras vidas, así sea solo en nuestras mentes.

¿Cómo podemos cambiar nuestra percepción? De eso se trata este libro, y se requiere mucho pensamiento y esfuerzo. Uno de los esfuerzos que podemos hacer es ser parte de algo grande, algo maravilloso.

#2 – Sueña el sueño imposible

La vida siempre fue agradable para mi abuelo. No importaba qué estuviera mal, y siempre algo andaba mal. Él nunca tuvo mucho dinero. Se vio obligado a soportar los mismos desaires e indignidades que todos nosotros. Sin embargo, la vida siempre fue agradable, porque sentía que estaba siendo el pionero de una cruzada para alimentar y vestir a los pobres, para recaudar dinero para sus médicos y para su educación. ¿Cómo podía tener incertidumbre si sabía que la comida que distribuía ayudaba a mantener vivas a personas pobres? ¿Dónde había espacio para dudas cuando sabía que el dinero que recaudaba pagaba la operación que salvaba la vida de un niño? ¿Y cómo podía sentirse solo y aislado cuando todos en la comunidad lo conocían y respetaban?

Sí, a él le sucedían cosas desagradables. Pero todo lo agradable que había construido en su vida, en su mente, era un escudo. Su percepción estaba tan bien enfocada en las cosas buenas de la vida, que la mayoría de la incertidumbre rebotaba y desaparecía.

Una de las mejores maneras de cambiar nuestra percepción es salir en una cruzada, una cruzada santa para corregir las cosas malas. Deberíamos hacer cruzadas, no por nuestro bien, sino por el bien de los demás. Vuelve a esa lista que hiciste al final del capítulo 3. Toma uno de esos sueños y haz que se haga realidad para otra persona. Hace años me encontraba en la iglesia del reverendo Dan

Morgan en Los Ángeles. Todavía recuerdo a ese poderoso predicador parado ante el púlpito y diciendo con voz fuerte: "No quiero un gran poder para usar, ¡quiero un gran poder que me use a mí!"

Seamos usados. Usemos nuestros talentos para ayudar a otros. Al hacerlo, también llenaremos nuestra vida de cosas agradables como una protección contra la incertidumbre inevitable que, de vez en cuando, surja en nuestro camino. Hace poco leí que el comediante Danny Thomas, del programa de televisión *Make Room For Daddy*, murió. Él había ganado mucho dinero, pero, desde el comienzo de su carrera, durante la depresión económica, la situación no se veía muy bien. Cuando todo parecía estar en su peor condición, él le rezaba a San Judas, el santo patrón de las causas perdidas. Le pedía a San Judas que le ayudara a encontrar una salida para poder construir una capilla. Esa capilla, su cruzada, se convirtió en el Hospital Infantil San Judas en Memphis, Tennessee. Esa capilla, su cruzada, salvó muchas vidas jóvenes. Las grandes cruzadas como esa hacen que la vida sea muy agradable.

Dar es una gran manera de tener un sentimiento de pertenencia, como mi abuelo. Da sin condiciones, sin pedir nada a cambio. No te preocupes, recibirás bastante. Seamos usados. Seamos como mi abuelo, como el reverendo Morgan, Como Danny Thomas, como Albert Schweitzer, como la Madre Teresa. Alimentemos a otros, vistámoslos, enseñémosles, ayudémosles a sonreír, cambiemos las leyes que requieren cambios, asumamos causas imposibles, corrijamos las injusticias. Hagamos mucho por los demás. No hay otra manera para que nuestras vidas puedan ser agradables.

#3 – Perdónalos

El general retirado Benjamin O. Davis Jr. dirigió al grupo de combate 332 en la Segunda Guerra Mundial. Este fue el primer grupo de pilotos afroamericanos que integró las entonces segregadas fuerzas armadas de los Estados Unidos. La mayoría de los pilotos del grupo 332 ganaron la Distinguida Cruz de Vuelo y demostraron que los pilotos de raza afro son tan buenos como los pilotos blancos. Para el final de la guerra, el grupo 332 había derribado unos trescientos aviones enemigos en más de tres mil misiones sobre Europa. En el año 1932, el general Davis pasó a ser el único Cadete de raza afroamericana en West Point. Su presencia en la academia de solo blancos en los años 1930 incomodaba a muchos. De hecho, los otros cadetes se rehusaron a hablar con él durante el primer año. En lugar de responder con ira a su cruel intolerancia, como muchos lo habrían hecho, él los miraba con compasión. En lugar de mantenerse en la incertidumbre durante cuatro largos años, siguió su vida agradable, seleccionando su percepción.

Aprendamos una lección de este general de batalla. Cuando alguien nos hace daño, perdonémoslo. Imaginemos que son niños y no pueden ayudarse a sí mismos. Tengamos compasión, porque sus percepciones son muy limitadas. Ignorémoslos. Pasemos por alto la ofensa de inmediato antes que se convierta en incertidumbre.

#4 – No te preocupes

Por último, cuando sucedan cosas que generan incertidumbre, lo cual sucederá de vez en cuando, no te enfades. Hay tres normas elementales que deberíamos seguir si queremos tener una vida larga y sin incertidumbre. No sé quién creó estas reglas. Quienquiera que haya sido, era una persona muy sabia.

1. No te preocupes por las pequeñeces de la vida.

2. Todo es pequeño.

3. Si no puedes huir, fluye.

Desarrolla una percepción positiva, sueña el sueño imposible, perdónalos y no te preocupes por eso: cuatro pasos para vencer la incertidumbre.

Rx: JUNTOS

Es fácil ser víctima de la incertidumbre. Después de tres días del inicio de la invasión por tierra a Iraq, no podía dejar de preocuparme por mi joven ahijado. Me considero un hombre muy positivo, pero no puedo cerrar por completo la puerta ante mis temores. Cuando mi hija murió, me sentía acosado por las dudas. ¿Cómo podía yo, el gran doctor que había salvado muchas vidas, dejar que mi hijita muriera? ¿Qué andaba mal conmigo?

Ahora, y en este momento, es mi conexión con los demás la que me tira de vuelta, eso me hace mirar las partes agradables de la vida. Creo que ser parte de una comunidad es una medicina poderosa. Cualquiera sea esa comunidad (una familia, un vecindario, una iglesia, una sinagoga o cualquier otro grupo en el que unos se interesen por los otros y compartan juntos), tener un sentido de pertenencia es algo medicinal. Siento que hago parte de mi familia inmediata, y mi familia extendida allá en Filadelfia. Siento que todavía soy parte de mi antiguo vecindario, todavía soy parte de la gente, los que aún viven y los que han fallecido. (No siento que haga parte de mi vecindario actual, pero eso es mi culpa en gran medida). Siento que soy parte de la comunidad médica, parte de mi círculo de amigos, parte de mi familia y de quienes comparten mi religión. Siento que soy parte de nuestra gran democracia.

Para recordarme de forma continua que soy parte de muchas comunidades, suelo rasgar una hoja papel de tamaño normal en varios trozos pequeños y los disperso sobre mi escritorio. Miro las piezas, una aquí, otra allá y otra bien allá. Están aisladas y desconectadas. Luego las muevo para que estén juntas. Cada pieza sigue siendo independiente, pero toca a las demás, recibiendo de ellas y contribuyendo a su esfuerzo de formar una hoja de papel completa, una comunidad. Sin perder su identidad, cada trozo hace parte de un todo. Cada pieza fortalece a, y se fortalece de, las demás.

Al mirar esto, me digo a mí mismo:

Gozosos son los que moran en paz,

Pacíficos son los que moran en amor,

Amantes son los que moran en perdón,

Perdonadores son los que miran en comprensión,

Comprensibles son los que moran en sabiduría,

Sabios son los que moran en sabiduría,

Sabios son los que moran en gozo.

No todos los que tienen incertidumbres están aislados de su comunidad, y no todos los miembros de una comunidad viven siempre una vida agradable. Sin embargo, considero que el sentido de pertenencia, ser parte de algo y darte de corazón a tu comunidad, es una medicina maravillosa.

Los pensamientos positivos se fortalecen con acciones positivas, y las acciones positivas generan pensamientos positivos. Juntar las piezas de la hoja de papel nos recuerda que, así seamos fuertes, así seamos individuales, tomamos una nueva forma y un nuevo poder cuando estamos con otros, en especial cuando lo hacemos por los demás.

"Juntos" es una maravillosa palabra. Convirtamos esa palabra en acción al ayudar a otros. Mi hijo Steven, que es abogado, dedica la tarde de cada viernes a dar consejería jurídica gratuita en un centro para personas mayores. Él usa sus conocimientos especializados para ayudar a otros. Mi banquera pinta con sus dedos junto a niños emocionalmente perturbados y hace salidas con otros a eventos deportivos y espectáculos. Ella da de su amor y de su tiempo. Ya sea que dones tus conocimientos o tu amor, estás trabajando junto a otra persona.

Juntos, mi abuelo y yo nos convertimos en un médico. Juntos, tú y algún chico ansioso pueden convertirse en un médico, un abogado, un maestro. Juntos, tú y tu hijo menor con problemas pueden sonreír por primera vez. Juntos, tú y una persona sin hogar pueden ayudar a construir una nueva vida. Juntos, tú y un desertor asustado pueden encontrar paz. Juntos, tú y un anciano olvidado pueden aprender a amar la vida una vez más. *Juntos* es una palabra medicinal, una palabra mágica.

CAPÍTULO CINCO

LA META ES EL GOZO

"El de corazón contento tiene un banquete continuo".
— Proverbios 15:15

Era un hermoso día soleado en el parque Roxbury de Beverly Hills. Había ido a ver a mi hijo Steven y el equipo de fútbol que él dirigía. Ver el juego en el campo era divertido, chicos corriendo de un lado hacia otro tratando de patear la pelota hacia los arcos. Sin embargo, el juego en las bancas era mucho más interesante:

"¡Falta! ¡Falta!", gritaba Smith, el padre de uno de los chicos, al árbitro.

"¿Cómo pudiste dejarlo pasar?", le bramaba Jones a su hijo. "La próxima vez muévete hacia el lado, ¡muévete hacia el lado!"

"Discúlpeme, señor" dijo Steven. "Permítame dirigir el equipo".

"¡Cierre la boca!", interrumpió Smith.

"¡Usted se hace llamar entrenador!", dijo Jones con desprecio.

"¡Mire, mire! El otro equipo acaba de anotar otro gol, y *¡todo es culpa suya!*"

"¿Por qué es culpa del entrenador?", pregunté. Ellos no sabían que yo era el padre de Steven.

"Porque este idiota de entrenador deja que los jugadores malos jueguen", dijo Jones. "Y cuando pones los jugadores malos en el campo, pierdes. ¡Por eso es culpa del entrenador!"

En este punto, todos los padres ya estaban involucrados. Steven trató de explicar su filosofía de entrenamiento: "quiero que los niños se diviertan y aprendan a jugar fútbol. Hasta los chicos menos hábiles deberían tener una oportunidad. No se puede aprender a jugar y no se puede tener diversión si estás sentado en la banca. Además, si nos estamos divirtiendo, ¿a quién le importa si perdemos?"

"¿A quién le importa si perdemos? A nosotros nos importa si perdemos", gritaron una y otra vez los padres. El grito comenzó a sonar como una aterradora consigna de batalla mientras las madres y padres enojados avanzaban hacia Steve.

"Arruina la vida de mi hijo cuando no le enseña a ganar, ganar, ¡GANAR!", exclamó Jones.

"Debería dejar en la suplencia a los jugadores malos", dijo Smith.

"Pero su hijo es el peor del equipo", protestó Steven.

"Es verdad. Y él preferiría estar sentado en la banca de un equipo ganador que jugar para un equipo malo", aseveró Smith.

"¡Ganar! ¡Ganar! ¡Ganar!", coreaban los padres. Me abrí camino entre la multitud hasta llegar al lado de mi hijo, pero no dije quién era.

"¿Por qué preocuparse por ganar?", preguntó Steven defendiéndose.

"¿Por qué preocuparse por ganar?", gritaron los padres desconcertados. "¡¿Por qué preocuparse por ganar?!"

"Sí. El punto es divertirse".

"¿Divertirse?", gritaron los padres, sin poder comprender lo que estaban escuchando. "¿Divertirse? ¿Divertirse?"

Pensé que era hora de hablar en defensa de Steven. Sin embargo, antes de poder decir algo, un hombre anciano, muy bien vestido con un traje de rayas grises, sombrilla y un sombrero, me tomó y me llevó hacia un costado.

"Perdóneme doctor Fox", dijo. "Sé qué es lo que va a decir. Por favor reconsidérelo".

"Pero Steven tiene razón. Divertirse es más importante que ganar".

"Estoy de acuerdo", respondió el caballero, haciendo un guiño con su ojo. "Estoy de acuerdo. Pero considere esto: nuestra economía, nuestra sociedad, toda nuestra vida depende de lo que sucede en campos de juego como este en todos los Estados Unidos. Mire a ese chico allá. Es uno de los peores del equipo. En cualquier otro equipo, estaría sentado en la banca. Pero Steven lo deja jugar. A él le fascina jugar. Siempre pasa un buen tiempo y no le importa quién gana. Es un chico feliz y descomplicado, así como sus padres son adultos felices y descomplicados".

"¿Qué tiene eso que ver con todo esto?", pregunté impaciente, para poder volver a defender a Steven.

"Tenga paciencia, doctor Fox", dijo el anciano, bailando de alegría con cada palabra que decía. "Mire al hijo de Jones. Sin duda es el mejor jugador del equipo. Sin embargo, tiene la desagradable tendencia de gritar a sus contrincantes, insultar al árbitro y desestimar a sus compañeros de equipo. Empuja y comete faltas contra sus oponentes cuando el árbitro no está mirando. Se patea a sí mismo cuando comete un error. Critica a sus coequiperos cuando se equivocan. En pocas palabras, es un chico miserable y desadaptado, así como sus padres son adultos miserables y desadaptados".

"Eso es terrible", protesté. "Mire a los padres. Son agresivos y están descontentos, cada uno se ha divorciado un par de veces, su presión arterial es muy elevada, toman toda clase de medicinas, se llenan de comida para tratar de olvidar sus miserias. Los dos ya tienen úlceras y ¡están seguros de que van a tener ataques cardíacos antes de cumplir cincuenta años!"

"¡Sí! ¡Sin duda!", dijo este hombre mayor casi gritando, saltando de un pie al otro. "¡Sin duda! ¡Sin ningún lugar a dudas!"

"¿Por qué está tan feliz?", pregunté, empezando a pensar que aquel hombre estaba loco.

"Estoy feliz porque el miserable chico está creciendo igual que sus miserables padres".

"¡Eso es terrible!"

"No", sonrió él saltando una y otra vez. "¡Eso es lo que hace grande a nuestro país!"

En ese punto supe que estaba tratando con un lunático. Antes de continuar, se detuvo para recobrar el aliento: "ese chico feliz va a crecer bien adaptado, justo como sus padres. En poco tiempo, será una amenaza parásita e improductiva para el estilo de vida de los Estados Unidos.

"En contraste, ese niño infeliz", prosiguió, "va a crecer tan infeliz como sus padres. Sin duda, él va a necesitar los servicios de psicólogos, psiquiatras y abogados para atender sus divorcios y litigios, doctores para su presión arterial alta y problemas cardíacos, presentadores de programas de radio a quienes llamar y contadores para contar todo el dinero que ganará". "Pero eso es deprimente", dije.

"¡No! Es maravilloso", dijo el anciano con una risita sin disimulo. "Usted ha visto las oficinas de los médicos, abogados y psicólogos aquí en Beverly Hills y en el siguiente condado en Century City. Usted sabe que es muy costoso mantenerlas. La renta de esas bellas oficinas es elevada, el hermoso mobiliario cuesta una fortuna. Cuando suma el costo de las cuentas de gastos, autos y vacaciones de lujo, entiende que se necesita una gran cantidad de dinero para sostener a todos esos médicos, abogados, psicólogos y demás profesionales por el estilo".

"¿Qué tiene eso que ver con deportes de niños?", dije con frustración.

"Los deportes infantiles hacen parte vital del proceso, es un eslabón esencial en la cadena. Si a estos chicos no se les enseña que lo único que cuenta es ganar, si no aprenden que no hay espacio para una buena conducta deportiva y para la diversión, si estos jóvenes no aprenden que no importa por encima de quién tengan que pasar para poder llegar a la cima, si no aprenden esas lecciones, no podrán crecer para ser personas tan infelices y tan enfermizas como sus padres. Y, si no son miserables y enfermos, no gastarán una fortuna en médicos, psicólogos, abogados, alcohol, drogas y medicinas. No desperdiciaran pequeñas fortunas comprando cosas que no necesitan en un fútil intento por comprar la felicidad. No gastarán millones comiendo en exceso. No compraran autos lujosos para impresionar a otros. No gastarán sumas estrambóticas de dinero en los sitios de moda para ser vistos allá. ¿Por qué? Si todos crecieran felices, ¡toda nuestra economía colapsaría por completo! ¡Nuestra sociedad terminaría destruida!"

Tuve que admitir que lo que él estaba diciendo tenía cierta lógica.

"¿Qué mejor manera de asegurar la infelicidad de los niños que tomar una actividad simple y agradable como la de patear una pelota en una cancha y arruinarla con sus padres gritándoles desde la orilla? ¡Es brillante, brillante! Pone mucha presión sobre los pobres chicos", afirmo con satisfacción.

"¿Qué mejor lugar para comenzar a hacerlos miserables", dije, "y para comenzar a impulsar la economía, que el campo de juego?"

"¡Sí! ¡Sí!", dijo el anciano prácticamente bailando de alegría.

"Entonces, ¿usted dice que los deportes infantiles son una prioridad nacional?", pregunté.

"Exacto. Sin ligas infantiles como esta, nuestro gran país perecería. Buen día, doctor Fox".

Habiendo dicho eso, se puso su sombrero y se alejó caminando. Lo que había dicho tenía cierta lógica. Estaba a punto de unirme a los padres que gritaban "¡GANAR, GANAR, GANAR!", pero lo pensé mejor.

Verás, la verdadera meta en la vida es el gozo. La meta siempre es el gozo.

¿EL GOZO ES UN DOLOR?

"La alegría del corazón es la vida del hombre, la dicha le alarga los años".
—Eclesiástico 30:22

Hace cerca de un año, Barry escribió un excelente folleto sobre el gozo, el cual tituló "Seis consejos para ser gozoso". Se lo mostré a un doctor que conozco. Llamémoslo doctor Smith. Cuando el doctor Smith leyó el folleto, palideció, las venas de su frente se brotaron y sus manos comenzaron a temblar de ira. "¡Cómo puede creer estas cosas!", me gritó. "Estas son tonterías falsas sin valor, ¡no es medicina! ¡Esto afecta a las personas!".

"¿Afecta a las personas?", pregunté. "¿Cómo puede alguien verse afectado por el gozo?"

"¿No ve lo que está haciendo?", gruñó. "¡Les dice que crean cosas que no son reales! ¡Las úlceras son reales! ¡El cáncer es real! ¡Los infartos son reales! ¡La medicina es real! El gozo no es real, ¡es basura! Siempre preferiré la realidad antes que el gozo".

¡Me encantó su reacción! Estaba tan emocionado que de inmediato tomé el teléfono y llamé a Barry. "¡Smith lo detesta!", grité.

"¡Genial!", exclamó Barry. "Entonces *sabemos* que es bueno".

Barry y yo nos reímos de esto, porque a menudo usamos al doctor Smith sin sentido y "amante de la realidad" como prueba de fuego para nuestros escritos. Si no le gusta, entonces sabemos que es bueno.

Al igual que el doctor Smith, muchos se rehúsan a ser felices, tratan la risa como el enemigo y se ofenden ante el gozo. Uno de mis pacientes era el presidente de un banco, con 53 años de edad, llamado Jake. Él se enorgullecía de llamarse a sí mismo el "ácido en las vidas de mis empleados".

"No *tengo* estrés", nos dijo a Barry y a mí. "Yo *doy* estrés". Jake, quien había sido criado en un orfanato, saboreaba haciéndoles la vida miserable a sus empleados. Era claro que algo andaba mal tan pronto entrabas a su banco. Las secretarias, cajeros y funcionarios de créditos rara vez levantaban la mirada de sus escritorios, se ocupaban a sí mismos con trabajo real o imaginario. Cuando necesitaban algo, caminaban rápido por las oficinas, manteniendo la mirada sobre sus papeles. Barry los describió como "ratones temerosos de ser detectados por el gato".

Los empleados, que tenían la mala fortuna de cometer algún pequeño error, quedaban bajo la humillante tormenta de sarcasmos de Jake.

Él los ridiculizaba frente a todos los demás, incluyendo clientes y compañeros de trabajo. Cuando Barry le preguntó a Jake qué pensaba respecto al gozo, el banquero se rio y dijo:

"¿Gozo? Seguro, yo soy una persona gozosa. Me gusta comenzar cada día con una sonrisa y superarlo lo más rápido posible. Si todo el tiempo estás feliz, eso significa que te estás engañando tú mismo". Se levantó de su silla y golpeó el escritorio con su puño mientras gruñía diciendo: "¡mi deber en la vida es hacer que las personas dejen de engañarse a sí mismas!"

Al igual que Jake, muchas personas creen que su deber es hacerte saber cuán miserable eres. Ellos parecen deleitarse en destruirte el gozo. Desde luego, la ira que desbordan la alimenta el enojo que tienen por dentro. No tienen más elección que tratar de "enseñarte una lección", porque se sienten miserables. Te destrozan, pues se sienten muy incapaces.

La hostilidad hiere...

Te hiere tanto como a ellos. Por ejemplo, la edición de febrero de 1991 de la revista *Medical Aspects of Human Sexuality*, presenta un estudio realizado por Redford Williams de la Universidad de Duke. En los años 1960, Williams e Ilene Siegler examinaron los resultados de pruebas de personalidad realizados entre 830 estudiantes de la Universidad de Carolina del Norte. Veinte años después, compararon las pruebas de sangre de esos estudiantes con sus pruebas de personalidad. Los jóvenes que tenían una puntuación alta en las escalas de hostilidad, se habían convertido en adultos con altos niveles de colesterol total y bajas cantidades de colesterol "bueno" (HDL o lipoproteína de alta densidad). ¿Cuál es la conexión entre la hostilidad y el colesterol alto? No podemos describir los mecanismos exactos, pero parece que la ira activa la liberación de hormonas de estrés. A su vez, estas hormonas hacen que el cuerpo libere grasa en el torrente sanguíneo, incitando otras reacciones que condicen al colesterol elevado.

Estar enojado, tanto hoy como en ese entonces, no bloqueará tus arterias. Sin embargo, la ira persistente a largo plazo puede ponerte en la fila para un infarto.

LA CHICA DE DIEZ GOTAS

Cuando Barry y yo nos sentamos a conversar sobre qué incluir en este capítulo, él dijo que debíamos incluir la historia de la mujer "de las diez gotas". Estuve de acuerdo tan pronto me relató la historia.

Barry conoció a la chica "de las diez gotas", cuyo nombre es Patty, en un seminario que él dio en Los Ángeles. Después de la presentación, él respondió preguntas, conversó con los asistentes y firmó algunos libros. Siendo una bella mujer comenzando sus treintas, se acercó a él caminando con cojera y radiante de gozo. Hasta su voz, modulada al estilo Lauren Bacall, era vívida y alegre. Con todo, su historia era agridulce.

Patty no recordaba a sus padres, ellos habían muerto en un accidente automovilístico en el que ella también quedó con una pierna destrozada. Tras varias cirugías y años en un orfanato, fue asignada a un programa de familias sustitutas y fue a vivir con una familia. "La primera familia era agradable", dijo ella, "aunque siempre se encargaban de hacerle saber a todo el mundo que yo era su hija *sustituta*". Patty solo estuvo con ellos seis meses antes de volver al orfanato. Nunca supo por qué la enviaron de vuelta.

Durante su niñez, estuvo con muchas otras familias, con algunas pasó unos pocos meses y con otras llegó a estar un poco más de un año, rodando entre casas de familias sustitutas y el orfanato. Algunas de las familias eran muy amables, dijo, otras la rechazaban. En una, fue víctima de abusos directos, la golpeaban e incluso, en una ocasión, fue abusada sexualmente. Por último, terminó quedándose con los Thomson. "Eran una pareja que estaba llegando a los cincuenta años de edad. Mi trabajadora social pensó que ellos ya eran demasiado mayores como para recibir a una niña de doce años, pero me alegra que lo hayan hecho".

Los Thompson fueron los únicos que presentaban a Patty como "nuestra hija" (no como "hija sustituta" o "la niña que estamos cuidando"). Por primera vez, pudo recordar, dijo Patty, que se sentía amada. Los Thomson no tenían mucho dinero, de hecho, eran la familia más pobre de todas las familias sustitutas con las que había estado. Con todo, "ellos fueron mi primera, mi única familia", dijo.

"El día que llegué, mi trabajadora social me dejó sin ninguna introducción. Ellos habían organizado una fiesta para mí, mamá, papá y Melissa, mi nueva hermana, y tenía un pastel y regalos. Recibí dos vestidos, un juego de maquillaje y una bicicleta. Ni sumando todos mis cumpleaños, había recibido tantos regalos como en aquel día, y ni siquiera era mi cumpleaños. La bicicleta era usada, no era de mi talla, pero me encantó. Fue la primera bicicleta que tuve en mi vida. Lo único que hice fue llorar".

Después de la fiesta, Melissa Thomson, tres años mayor que Patty, llevó a la tímida huérfana a caminar por el vecindario. Ella le presentó a sus amigos, conversó sobre maquillaje, los chicos y otras cosas. Patty estaba asombrada, nunca la habían tratado tan bien, nunca la habían recibido con los brazos tan abiertos. Era como estar en la isla de la fantasía.

Esa noche, cuando Patty se sentó con su nueva familia para cenar, su padre los dirigió en una pequeña ceremonia. Levantó su vaso de agua y dijo: "*Nuestra copa de vida está llena de gozo*". Luego, poniendo el vaso de nuevo en la mesa, tomó una gota de agua con su cuchara y, dejándola caer sobre la mesa, dijo: "*Retiro la ira de hoy*". Tomando otra gota de su vaso y dejándola caer sobre la mesa, continuó: "*Retiro los temores de hoy*". Gota a gota, él eliminó diez cosas negativas de su vaso.

"Luego, después de haber eliminado las 'diez plagas' de nuestro vaso de vida", explicó Patty, volvió a llenar el vaso y dijo:

Una gota de amor,
Una gota de calidez,
Una gota de amistad,
Una gota de canción,
Una gota de risa,
Una gota de aprendizaje,
Una gota de crecimiento,
Una gota de compartir,
Una gota de ayuda,
Una gota de perdón,
Diez gotas y un océano de gozo.

"Le dio a mamá el vaso y ella dijo 'diez gotas hacen un océano de gozo' y yo bebo un sorbo. Melissa hizo lo mismo y luego me dio el vaso. Por tan solo un segundo, me sentí enojada, furiosa. Pensé, ¿qué saben estas personas del sufrimiento? ¡Yo sé que es sufrir! Yo soy huérfana, me han rechazado en muchas partes. Me han golpeado y han abusado sexualmente de mí. ¿Qué saben ellos acerca del sufrimiento? Luego pensé: ¿qué sé yo acerca del gozo? Así que dije: ¡diez gotas hacen un océano de gozo! y tomé mi sorbo".

Patty le dijo a Barry cómo esas diez gotas de verdad se habían convertido en un océano de gozo en su vida. Las gotas de amor, calidez, amistad, canción, risa, aprendizaje, crecimiento, generosidad, ayuda y perdón que compartió con su nueva familia lavaron todas sus penas. "Por primera vez, de verdad me sentí gozosa", dijo. "No es que antes hubiese estado deprimida. A veces me sentía triste y otras feliz, pero ahora estaba gozosa".

Tres años pasaron muy rápido y el señor Thomson murió por un infarto fulminante. El señor Thomson, que tenía poco dinero, luchó por que Patty permaneciera con ellos. Sin embargo, las autoridades decidieron que, debido a que ella ahora tenía quince años, era mejor que permaneciera en el orfanato. La señora Thomson, la única mujer a quien Patty había llamado "mamá", tuvo que mudarse al otro extremo del país para estar cerca a su familia, y Melissa salió para estudiar en la universidad.

"Haber tenido que volver al orfanato fue como si me hubiesen arrancado la sonrisa y me hubiesen pegado lágrimas para toda la vida. Lloré semanas enteras. Después, comencé a hacer el ritual de las diez gotas. Me avergonzaba, no quería que otros me vieran hacerlo. Sin embargo, se enteraron y comenzaron a llamarme la chica "de las diez gotas". ¿Sabes qué? Eso hizo una gran diferencia. Cada gota que sacaba de mi vaso la veía como una lágrima, y cada gota de gozo que introducía era una sonrisa. Diez lágrimas salen, diez sonrisas entran. Funciona".

Esa es la fórmula: diez lágrimas salen, diez sonrisas entran.

En nuestras vidas, surgen cosas buenas y malas. Algunas de las buenas son muy buenas, algunas de las malas son muy dolorosas. Muchos de nosotros (demasiados) somos expertos en sufrimiento. Sabemos todo acerca de la tristeza y podemos describir la miseria con gran detalle. ¿Pero qué sabemos acerca del gozo?

Si parece que la vida es una escuela de penas, eso es solo porque nuestro plan de estudios está mal. Podemos conocer tanto acerca del gozo como acerca de las penas. Podemos enseñarnos a nosotros y mismos y unos a otros a tomar las gotas de lo bueno y dejar que laven lo malo. ¿Y cuáles son esas diez gotas? No son cantidades de dinero, no son mansiones o autos lujosos, son solo cosas pequeñas como la risa y la amistad. Una gota de canción, una gota de generosidad. Diez lágrimas salen, diez sonrisas entran.

"Melissa y yo somos casi vecinas hoy en día", le dijo Patty a Barry. "Nuestros hijos van juntos a la escuela. Mamá murió hace tres años. En su funeral, tomamos diez gotas del vaso y volvimos a poner diez gotas. Todos tomaron un sorbo del vaso. El resto lo derramamos sobre la tierra que cubrió su ataúd".

Ella había perdido a sus padres biológicos y a sus padres adoptivos, necesitó muchas cirugías para sanar su pierna, fue de un hogar sustituto a otro, fue tratada como la "niña a quién estamos cuidando", fue abusada física y sexualmente. Encontró una maravillosa familia, estudió en una universidad de primera categoría, se casó, tiene dos hijos y una estrecha relación con su hermana. Para Patty, son diez lágrimas que salen y diez sonrisas que entran. "Esa es la fórmula del gozo".

PREOCUPACIÓN, EL ENEMIGO DEL GOZO

"Consumismos nuestros mañanas aturdiéndonos con los ayeres".

—Persio

¿Por qué ni siquiera tenemos el gozo que podríamos tener, que deberíamos tener? ¿Por qué pareciera que nos concentramos más en las lágrimas e ignoramos las sonrisas? Escucho muchas respuestas a esta pregunta.

- "¿Quién se puede divertir con una economía que se desploma?"

- "Tengo mucho miedo del crimen en las calles como para ser feliz".

- "Tengo muchas responsabilidades".

- "Mi trabajo me está aplastando".

- "Los niños tienen tiempo para divertirse, yo tengo que pensar en cosas serias".

- "Mi matrimonio acaba de deshacerse. ¿Qué me queda para sonreír?".

El temor, una herida reciente, mucha responsabilidad, demasiado trabajo, tenemos muchas razones para no ser gozosos. Algunas de ellas son buenas razones, es difícil tener gozo cuando un ser querido ha muerto, por ejemplo. Pero si ahondas en muchas de las razones para no tener gozo, si vas hasta el mismo fondo, encontrarás la verdadera razón: preocupación. Todos nos preocupamos por no ser lo suficiente buenos, no tener la inteligencia necesaria, no ser tan rápidos, no tener la rudeza que se necesita. Nos preocupa no salir adelante. Nos preocupa fracasar. Nos preocupa que alguien se ría de nosotros. Nos preocupa perder el dinero, nuestro estatus o nuestra buena "imagen". Nos preocupa hacer algo. Nos preocupa no hacer nada. Nos preocupamos hasta tener miedo.

Nos preocupa que el amor nos asuste. Nos preocupamos hasta alejarnos del gozo.

La preocupación es brillante: nos dice que no podemos ser felices, así que es mejor dedicar nuestras vidas a culpar a otros. La preocupación tiene miedo de que intentemos algo nuevo y fracasemos, y nos dice que "algo nuevo" no es importante. La preocupación nos hace creer que estamos muy ocupados, que sin duda *debemos* ver esos excelentes nuevos programas de televisión. La preocupación nos hace sentar frente al televisor durante horas seguidas, porque no puedes "fracasar" viendo televisión. La televisión nos mantiene ocupados al punto de "no tener tiempo" para nada más, para algo que nos desafíe, para algo en lo que podemos fallar. La preocupación nos dice que debemos aprender a hacer bien una cosa antes de tratar de hacer algo nuevo, pero como nunca aprenderemos la primera cosa, es mejor olvidar la segunda y mejor ver televisión.

La preocupación es el principal obstáculo en nuestras vidas, la principal razón por la cual no hacemos cosas, no nos atrevemos. La preocupación es el enemigo del esfuerzo y la imaginación, entorpece nuestros talentos. La preocupación nos dice que no podemos hacerlo y destroza nuestra confianza en nosotros mismos. La preocupación estrangula nuestras vidas. ¿Es cosa extraña que la preocupación sea el enemigo del gozo?

DEMASIADO PREOCUPADO PARA VIVIR

> *"Los gusanos te comen cuando estás muerto, las preocupaciones te comen cuando estás vivo".*
> —Proverbio judío

Una vez me pidieron que fuera al hospital y viera a un hombre llamado Tim. Plagado de asma por décadas, este hombre soltero de 38 años respiraba con dificultad por un tubo grueso de plástico pegado a su boca. Podía escuchar los fuertes y constantes sonidos de la máquina "respiradora", esos sonidos característicos que no sabría cómo describir por escrito. Pude imaginarme el aire remolineando por la tráquea hacia los pulmones de Tim, pasando por las ramas y subramas de sus vías respiratorias que tan solo unas horas antes habían estado cerradas por músculos que parecían tener la intención de impedir el ingreso de todo el aire.

"Tim se preocupa por todo", su hermano me dijo un día en el hospital. "Su coeficiente intelectual es de 130, pero tiene dificultades con una máquina sumadora. No ha sido promovido en su empleo, porque no ha presentado una prueba que puede pasar con los ojos cerrados, pero tiene miedo de hacerlo. En una ocasión, se inscribió para hacerlo, pero el día de la prueba tuvo un ataque de asma. Tuvieron que llevarlo de urgencia al hospital y aplicarle una dosis completa de adrenalina para que pudiera seguir respirando. Nuestros padres solían tratar de animarlo a hacer cosas cuando éramos niños, pero él entraba en pánico y sufría ataques de asma.

Su hermano me dijo que Tim no salía con nadie porque le preocupaba ser descartado. Tim quiso tomar con su hermano clases de escalada en roca para principiantes, pero comenzó a tener sibilancias cuando llegaron a las rocas. Eso puso fin a todo. También se había vinculado a un club de Toastmaster para aprender a hablar en público. Había participado por un año, pero no había dado su primer discurso todavía. Se enfermaba siempre que era su turno de dar un discurso.

La preocupación de Tim literalmente lo estaba estrangulando. Se preocupaba por fallar las pruebas. Le preocupaba no impresionar a las mujeres. Le preocupaba dar un mal discurso. Le preocupaba todo.

Hablé con Tim después que le retiraron el respirador. Era evidente que era una persona muy inteligente. Sus conocimientos sobre la historia de los Estados Unidos e Inglaterra eran asombrosos. "Dado que te gusta tanto la historia", pregunté, "¿por qué no enseñas historia?"

"Debes tener licencia para enseñar en secundaria", respondió.

"¿Y qué tal enseñar en la universidad?", sugerí.

"Bueno, los profesores deben servir en comités y organizar toda clase de sinsentidos burocráticos", respondió de inmediato.

"OK. ¿Y qué tal escribir algunos libros para compartir tus conocimientos?".

"Los editores van a querer que escriba un libro comercial, pero no quiero ser alcahueta con el gusto del público", respondió. Cuando le sugerí que publicara el libro por su cuenta, rechazó la idea diciendo que tendría que pasar mucho tiempo tratando con aspectos del negocio de publicar, así que dejaría de ser un historiador.

Luego dije: "Sin duda eres una persona brillante. ¿Por qué no has ascendido en tu trabajo todos estos años?"

Tim indicó que cualquier promoción implicaría más responsabilidad. Y, si tuviera más responsabilidades, tendría que trabajar más horas. Si trabajara durante más horas, no tendría las tardes y fines de semana libres para estudiar.

"¿Qué me dices de tener una esposa o una familia?", proseguí.

"¿Qué mujer me querría a mí?", preguntó. "Tengo 38 años. No tengo dinero ni un futuro real".

"Pero puedes ganar dinero, ¡hacer un futuro!", exclamé. "Con todo tu conocimiento, podrías ser rico".

"Sí, pero no quiero una mujer que se interese en mí por mi dinero", respondió. "Además, una familia me quitaría tiempo para estudiar".

No importa lo que dijera, Tim tenía una razón para no hacer nada diferente a enterrarse en un libro. No me malinterpretes, aprender solo por conocer es uno de los grandes placeres de la vida. Con todo, creo que a Tim, en realidad, lo motivaba su miedo a fracasar como profesor, autor, esposo o padre, así como en cualquier otra cosa. Cuando leí su informe médico y entrevisté a su hermano y a sus padres, se hizo claro que a Tim en realidad le preocupaba mucho enfrentar casi todo en la vida. Se escondía en su trabajo seguro y en un pasatiempo que le permitía alejarse del mundo. Cuando se sentía desafiado, el temor de Tim se transformaba en asma.

Lo interesante es que la enfermedad se ocupaba de los problemas de Tim. El enfermarse le daba una razón "válida" para preocuparse. Su asma lo convertía en una víctima, un hombre con una terrible enfermedad que recibía atención y mucha simpatía. No sé qué sucedió con Tim, pero sospecho que todavía está encogido en su pequeño trozo de vida, con los ojos fijos en sus libros, estrangulándose a sí mismo. La preocupación no lo deja tener novia. La preocupación en realidad no deja que Tim sea feliz.

"AWYRGAN" (a-ri-gan)

"La preocupación le da una gran sombra a algo muy pequeño".
—Proverbio sueco

La palabra inglesa para "preocupación" proviene del latín "*wyr-*

gan" (ri-gan), que significa "estrangular". Eso es lo que hacemos cuando nos preocupamos: nos estrangulamos a nosotros mismos, estrangulamos nuestra creatividad, nuestra habilidad de pensar, nuestra flexibilidad, nuestra confianza en nosotros mismos, nuestro sistema inmunológico, nuestra salud.

Por otro lado, la palabra "gozo" proviene de la palabra latina que da origen a "joya". Preocupación *versus* joya. Estrangulación *versus* la joya: la joya del gozo, de la vida, de la salud y la felicidad.

Dado que la preocupación (*wyrgan*) nos estrangula, queremos ser *awyrgan* (a-ri-gan). "A" significa "sin". Ser *awyrgan* significa ir por la vida sin estrangularnos a nosotros mismos con preocupaciones. Avancemos por la vida como joyas de gozo.

Seis RAZONES PARA NO PREOCUPARSE

"Tengamos buen ánimo recordando que las adversidades más difíciles de soportar son las que nunca surgen".
—James Russell Lowell

En una ocasión, un hombre de negocios nos llamó durante un seminario. Dijo: "dirijo una empresa de varios millones de dólares. Todos los días hay que tomar decisiones. Mil cosas pueden salir mal con el producto, las ventas, la distribución, la publicidad, la contabilidad, el mercadeo. Si no me preocupo, ¿quién lo hará?"

Si no te preocupas, ¿quién lo hará?". Espero que nadie. Todos hagamos lo que se debe hacer sin estrangularnos, sin estancar el flujo de pensamiento, creatividad, energía y entusiasmo. Algunas personas creen que la preocupación es algo valioso, que de alguna manera es útil. El entender que hay un problema y tener el deseo de hacer algo al respecto es algo valioso y necesario. Sin embargo, la preocupación nos ahoga hasta la muerte. No hay una buena razón para preocuparse en exceso. De hecho, aquí hay seis grandes razones para no preocuparse.

1. La preocupación obstruye el camino de la acción positiva

Desde que nacemos hasta que morimos, somos bombardeados por mensajes negativos: *"No puedes hacerlo". "No puedes hacerlo". "No eres lo suficiente bueno". "Nunca lo lograrás". "Vas a fracasar".* El mensaje, intencional o no, verbal o no, mina nuestra confianza, afecta nuestra energía y ahoga nuestra creatividad.

Nuestros cerebros deben recibir toda clase de mensajes: información, retroalimentación positiva, desánimo, puedes hacer eso, necesitas más práctica antes de hacer aquello, haz esto ahora, haz eso después. Tomamos decisiones cuando mezclamos toda la información.

Cuando nos preocupamos, nuestros ojos mentales se fijan solo en lo negativo. La información positiva que anima siempre está presente, pero la preocupación no nos permite verla, escucharla, creerla. La preocupación fija nuestros ojos en lo negativo, en las imágenes de fracaso, debilidad o vergüenza. Una y otra vez, la preocupación introduce de manera consistente el mismo mensaje a nuestras mentes. Cuando debemos estar pensando sobre las diez mil cosas que vamos hacer, la preocupación nos dice que únicamente puedes hacer una cosa: fallar.

La preocupación nos paraliza, obstruye el camino de nuestros pensamientos y acciones positivos.

2. La preocupación destruye el gozo... y la salud

La mente humana no puede retener dos pensamientos opuestos por mucho tiempo. Es inevitable que uno desplace al otro. No podemos tener gozo cuando estamos preocupados. Tampoco podemos preocuparnos cuando tenemos gozo. Aunque el gozo es una emoción fuerte, una gran emoción, la preocupación lo puede borrar.

El cerebro es la glándula más grande del cuerpo, produce un flujo constante de biosustancias que afectan a cada célula. Cada pensamiento en nuestras cabezas afecta nuestra bioquímica, ya sea para bien o para mal. Por tal razón, una mente que siempre está llena de preocupación puede inundar nuestros cuerpos con sustancias inquietantes, con químicos de alto voltaje tales como adrenalina y cortisona que afectan nuestra salud cuando están presentes en cantidades perjudiciales y en los momentos no indicados.

La preocupación daña nuestro sistema inmunológico. La preocupación constante reduce la efectividad de nuestras células T y otras células del sistema inmunológico. Esta también genera enfermedades cardíacas, cáncer, derrames cerebrales, alta presión arterial y otros asesinos.

La preocupación eleva el colesterol en la sangre. El aumento de colesterol en la sangre se puede medir tan solo dos horas después de la presencia de estrés. A diferencia de las catecolaminas (sustancias similares a la adrenalina) y la cortisona, que descienden rápido ante la presión, el colesterol permanece elevado por algún tiempo. Si miramos el estrés académico, vemos que los niveles de colesterol permanecen elevados después de exámenes muy importantes en la escuela de medicina[9]. Los investigadores que examinaron a unos cuarenta estudiantes encontraron que, en la mayoría de los estudios, el estrés aumentaba los niveles de colesterol desde un 8 hasta un 36%. En algunos casos de estudiantes de jurisprudencia que estudiaban para el Examen Bar, el colesterol se disparaba de 150 a 300, algunos saltando de 250 a 500. He visto grandes caídas de lipoproteína de alta densidad (HDL) (el colesterol "bueno" que sí conviene) debido al estrés.

Si yo fuera un poder malévolo que quisiera torturar a la raza humana, no dependería de huracanes o de inundaciones. En lugar de eso, crearía un virus de preocupación. Un virus contagioso que se esparciría tan fácil, saltando de una persona a otra sin necesidad de ningún contacto físico. El virus de la preocupación sería peor que los desastres naturales, porque la infección es una tortura lenta, y toda una vida de temores dudas y frustraciones. El virus de la preocupación pondría al revés la bioquímica de las personas, debilitando poco a poco su sistema inmunológico, socavando su energía y destruyendo su creatividad.

La preocupación destruye el gozo y nuestra salud. Sin embargo, podemos cerrarle la puerta a la preocupación si llenamos nuestras mentes de gozo, amor, confianza en nosotros mismos y otros muy buenos pensamientos.

3. La preocupación es la madre de las adicciones

La preocupación es una adicción tan mala como nuestras adicciones a la nicotina, el alcohol, la comida en exceso y la cocaína. La preocupación, que a menudo conduce a otras adicciones, es la "madre de las adicciones".

Gracias a ella tenemos daño psicológico, fisiológico y sociológico. Nos humilla. Intentamos aliviar los terribles sentimientos cuando fumamos, comemos demasiado o con alcohol o narcóticos. Nos automedicamos. Arruinamos nuestra salud. Con todo, la preocupación sigue ahí. Acudimos a objetos materiales, dinero, casas, automóviles y estéreos para aliviar nuestra preocupación, necesitamos más y más cosas. Pero la preocupación sigue ahí. Tomamos drogas estimulantes para enmascarar la preocupación, luego necesitamos tranquilizantes para calmarnos. Y la preocupación sigue presente, junto con nuestras nuevas adicciones. Millones quedan atrapados en este ciclo vicioso, en una red de adicciones iniciadas por la madre de las adicciones: la preocupación.

4. La preocupación nos engorda, nos hace aguantar hambre

Nuestro peso puede estar muy relacionado con la preocupación. Muchas personas, por su preocupación, terminan comiendo demasiado. Comienzan jóvenes, creyendo que ya tienen sobrepeso. Y, como tienen sobrepeso, no tienen una buena pareja, no obtienen un buen empleo, no tienen esto ni aquello. En poco tiempo, se convencen de que son perdedores. Ahora tienen mucho de qué preocuparse. A quienes tratan de perder peso, les preocupa no mantener su nuevo peso. Sin saberlo, sabotean sus propias dietas y el resto de sus vidas gracias a la preocupación. Quienes no tratan de perder peso, se preocupan por ser débiles. La preocupación empuja a otros de otra forma, preocupándose hasta tener anorexia o bulimia.

5. Nos preocupamos por las razones equivocadas

A menudo nos preocupa menos lo que sucede que lo que los demás digan. Por ejemplo, perder una gran cuenta es algo malo. ¿Cuántos padres se enorgullecen demasiado por los logros de sus hijos? ¿Qué sucede cuando sus hijos no pueden estar o no están a la altura esperada? Como padres, por naturaleza queremos que a nuestros hijos les vaya bien, pero, ¿cuántas de nuestras preocupaciones en realidad son por nosotros mismos y no por nuestros hijos?

Rara vez nos preocupamos por la razón que creemos es la causa de nuestra preocupación. Los guerreros de fin de semana en los parques que tienen tanta ansiedad por ganar: ¿les resulta tan importante la victoria o solo les preocupa verse mal?

6. La preocupación no funciona

El mejor argumento contra la preocupación es que no funciona. La preocupación no resuelve nada, solo *crea* problemas. La consciencia de la existencia de problemas y un deseo de solucionarlos es natural en nosotros, puede ayudarnos a encontrar maneras de superar nuestras dificultades. Por otro lado, la preocupación nos paraliza, congela los engranajes de nuestra mente. En realidad, la preocupación no funciona.

Thomas Edison fracasó muchas más veces de las que tuvo éxito. Babe Ruth tuvo más ponchadas que cuadrangulares bateados. Cristobal Colón, Charles Lindberg y Neil Armstrong, el primer hombre en la Luna, tuvieron todas las razones para estar preocupados. David Ben Gurion, quien fue el Primer Ministro de Israel, se enfrentó a terribles probabilidades, sin embargo, siguió adelante. Lech Walensa, del sindicato Solidarity, afrontó posibilidades imposibles. ¿Cuánto podrían haber logrado estas personas si hubiesen pasado sus vidas preocupándose en lugar de hacer?

La preocupación nos disminuye en nuestras propias mentes, fortalece a nuestros oponentes y agranda nuestros problemas. La preocupación mina nuestra confianza e impide los pensamientos positivos y las acciones positivas.

Rx: GOTAS DE GOZO

"Esto me causa tanto dolor que pone mi cabello de punta".

—Samuel Goldwyn (de MGM)

Tomemos prestada la fórmula del gozo de Patty: diez lágrimas salen, diez sonrisas entran. Llena un vaso con agua, casi hasta el borde. Levanta el vaso de agua en alto y di: *"mi copa de vida está llena de gozo".* Baja el vaso. Usando una cuchara o tu dedo, saca diez gotas de agua del vaso y deja que cada gota caiga en la mesa mientras dices:

Retiro la ira de hoy, la autocompasión, la duda, los celos, la pre-ocupación, la tristeza, la falta de perdón, el egoísmo y la dureza de corazón. Retiro todas las lágrimas de mi vida.

Habiendo quitado las diez lágrimas de tu vida, reemplázalas con las diez gotas que se convertirán en tu océano de gozo. Vuelve a llenar tu vaso mientras dices:

Una gota de amor,

Una gota de calidez,

Una gota de amistad,

Una gota de canción,

Una gota de risa,

Una gota de aprendizaje,

Una gota de crecimiento,

Una gota de compartir,

Una gota de ayuda,

Una gota de perdón,

Diez gotas y un océano de gozo.

A medida que vas tomando de tu vaso, recuerda que, aunque las preocupaciones a veces parecen abundantes como arena en la playa, el gozo está a diez gotas de distancia.

CRUZADA POR EL GOZO

"La mejor manera de animarte es tratar de animar a otra persona".
—Mark Twain

¡La mejor manera de deshacerse de la preocupación es actuar! Está la acción simbólica interna de "diez gotas". En cuanto a la acción externa, emprende una cruzada por el gozo. Mientras una persona esté triste, el germen de la tristeza sigue vivo. Mientras en un corazón haya odio, todos estamos en riesgo. Llénate con gotas de gozo y ayuda a los demás a encontrar su gozo. Somos humanos. A veces, nos sentiremos preocupados, mal o nos enfadaremos. Sin duda, algunos han dicho que el gozo es aún más maravilloso cuando hemos sentido dolor.

La tristeza es una emoción natural, pero es mejor cuando se mantiene en perspectiva. Por desgracia, permitimos que la preocupación borre muchas de nuestras frustraciones y penas de nuestra perspectiva. De hecho, pareciera que algunas personas están tan ocupadas en sus preocupaciones que han olvidado tener gozo.

Ayudemos a quienes están enterrados en preocupaciones y ayudémonos haciendo una cruzada por el gozo. Optemos por:

Reír por los preocupados, de modo que se sientan llenos de gozo.

Actuar por los preocupados, de modo que puedan saber qué hacer.

Dar fuerzas a los preocupados, de modo que puedan cobrar ánimo.

Hablar con amor a los preocupados, de modo que el amor conquiste el temor.

Hablar con suavidad a los preocupados, dándoles razones para sonreír.

Hablar con gozo a los preocupados, de modo que encuentren su gozo.

Tocar a los preocupados con el gozo de nuestro espíritu, para ser como medicina para sus almas. Ofrece tu hombro para llorar, tu oído para escuchar, tu corazón para entender, y hazlo con gozo.

Nunca le temas a la pena de la preocupación, una sonrisa es todo lo que se necesita para deshacer mil lágrimas.

Cantemos por los preocupados, sonriamos por los preocupados, pasemos tiempo con los preocupados, animemos a los preocupados.

Oremos por los preocupados. Oremos con todo el gozo que tengamos dentro de nosotros y estaremos entre los bienaventurados.

Es posible que todas estas cosas no parezcan acciones reales, pero lo son. Cuando cantas por los preocupados, cuando sonríes por ellos, cuando los animas, haces que sus vidas sean más llevaderas. No estás haciendo algo tangible, estás haciendo algo mejor. Estás cambiando tu actitud hacia todas las personas preocupadas que conoces. En lugar de responder con negatividad, vas a entender. Tu respuesta será más suave, ayudarás a guiarlos hacia el gozo. Ayuda a que los preocupados entiendan que su copa está llena con gozo y la tuya nunca se va a secar.

CAPÍTULO SEIS

~⌇~

LA REALIDAD DE LA ILUSIÓN

"La visión del hombre tiene la fuerza de un león".
—Proverbio inglés

Una tarde, hace muchos años, una frenética enfermera me detuvo en el corredor de un hospital. "¡Doctor Fox!", exclamó. "¡El señor Halberstran de la habitación 152 está haciendo lagartijas! ¡Dígale que se detenga!"

Entré apresuradamente a la habitación 152. Sin duda, el señor Halberstram estaba en el piso haciendo ejercicio. Su espalda estaba recta, su cabeza en alto y estaba contando a medida que subía: "31, 32, 33". Las lagartijas son un muy buen ejercicio, pero el señor Halberstram acababa de sufrir un infarto, se suponía que debía estar en cama. Cuando le sugerí que volviera a la cama, sin dejar de hacer ejercicio me dijo: "Hijo, usted es un buen médico, pero hay cosas que no conoce".

No estoy seguro a qué se refería, pero como era obvio que no iba a dejar de hacer sus lagartijas, lo dejé solo.

En ese entonces, fuera de los chicos adolescentes, muy pocas personas hablaban con los médicos. Nos trataban con mucho respeto, dentro y fuera del hospital. Incluso las enfermeras mayores y más tradicionales se ponían de pie cuando entrabamos a la habitación. (Esto solía inquietarme. Cuando le pedí a una enfermera que tenía suficiente edad como para ser mi madre que dejara de ponerse de pie cuando yo pasaba, dijo que iba a seguir haciéndolo en señal de respeto). Se suponía que los pacientes debían tratarnos como semidioses, debían permanecer dóciles en sus camas, sometiéndose a nuestras indicaciones, exámenes, inyecciones e incisiones. De hecho, los pacientes más mansos eran considerados los mejores.

Muy de vez en cuando, encontrábamos algún paciente determinado, alguien que exigía saber con precisión qué le estábamos haciendo y por qué lo hacíamos, que discutía con nosotros y se rehusaba a obedecer a nuestras órdenes. Ellos eran considerados "malos" pacientes. Cuanto más negativos eran, se consideraban "más malos". Recuerdo un paciente llamado Alex que a todos les daba problemas. Aunque no era mi paciente, lo había visto en una ocasión mucho tiempo atrás debido a un dolor en el pecho. Esto hizo que se preocupara, dado que era un hombre robusto y saludable que podía ganarse la vida de forma modesta instalando techos y aislamientos. Resultó que el problema era el ácido que estaba devolviéndose de su estómago, su corazón estaba bien.

Ahora Alex, ya casado y con tres pequeñas niñas, estaba de vuelta en el hospital y tenía cáncer. Él era un "mal" paciente. Cuando su médico le dijo que le quedaba cierto número de meses de vida, Alex insistió en que iba a vivir el doble. Cuando una enfermera intentó interrumpir su programa de televisión favorito para aplicarle una inyección, Alex, de forma amable, pero firme, la hizo salir de su habitación. La comida del hospital no se adaptaba a su paladar. Provocaba tantos líos que el administrador del hospital accedió a hacer que en la cocina le prepararan alimentos de acuerdo a las detalladas especificaciones de Alex. Cuanto más intentaban los doctores hacer que Alex se "comportara", más problemático se volvía. Cuando el hospital intentó "resolver" el problema transfiriendo a Alex a otro sitio, él amenazó con demandar.

La mayoría de los médicos pensaban que Alex era muy difícil porque era un "chico rudo e idiota". Como consultor en el caso, vi a Alex en varias ocasiones durante su estadía en el hospital. Pude ver que no era una persona mezquina. De hecho, la forma como jugaba con sus niñas, lo cual era contra las reglas (porque en ese entonces no se permitía que los niños entraran a las habitaciones de los pacientes) sugería que era un hombre muy amoroso. Hacía que saltaran en su cama, les hacía cosquillas, lanzaba al aire a la más pequeña y ella gritaba por lo mucho que se divertía. Poco después, cuando ya habían llevado las niñas a casa, veía que lloraba junto con su esposa mientras preguntaban qué les iba a suceder cuando ya él no estuviera. Y no cabía duda de que a Alex le quedaba poco tiempo de vida. Aunque creo que no podemos "despedir" a un paciente, su cáncer era fuerte y se había esparcido por todo el cuerpo. Algunos de los médicos más cínicos decían que, si el cáncer no se lo llevaba, sí lo haría la cura, que era la quimioterapia. Decían que ya solo era cuestión de tiempo.

Con curiosidad, le pregunté a Alex por qué se oponía tanto a las tradiciones y normas del hospital. "Quiero mantener el control", respondió.

Me pareció una noción extraña. ¿No era mejor rendir el control a los médicos que conocían sobre el cáncer y cirugías y medicinas? "¿No debería dejar que nosotros seamos los que manejemos las cosas?", pregunté.

Él respondió: "sus normas convierten a los pacientes en muñecos de trapo. No soy médico, así que aceptaré su consejo médico, pero quiero tener el control de mi vida".

"¿Por qué es tan importante el control para usted?"

"Si le doy el control a ustedes los médicos, estaré muerto en seis meses. Eso es lo que mi oncólogo dice que me queda. Si mantengo el control, quizás me vaya mejor".

Alex peleó hasta el final su batalla con el cáncer, su batalla por el control. Insistió en escuchar explicaciones completas de todo por parte de sus médicos, exigió que a sus hijas se les permitiera entrar a visitarlo, se rehusó a que lo interrumpieran durante su programa de televisión favorito y cosas como esas. Aunque tuviera mucho dolor, se rehusaba a recibir los analgésicos narcóticos prescritos si sus hijas estaban programadas para visitarlo. Era extraño ver tan cansado y marchito, jugando con sus hijas llenas de energía y en crecimiento, a aquel hombre que en otro tiempo había sido fornido y se ganaba la vida con sus propias manos.

Por último, Alex fue enviado a casa para que muriera allá. El "plazo" de seis meses que su médico le había dado pasó y asumí que había fallecido. Cada día, llegaban nuevos pacientes, se acumularon las crisis y los éxitos uno sobre otro, y olvidé el paciente "malo" con sus tres hijas.

No recuerdo cuanto tiempo pasó, supongo que varios meses, cuando me pidieron que consultara otro caso de cáncer. Casi suelto una risotada cuando me entregaron la gruesa carpeta del nuevo paciente para que la leyera: era Alex. "Este es un problemático", me dijo la nueva enfermera. "Un verdadero problemático".

Alex sobrevivió esa visita al hospital, superó otro "plazo" que los médicos habían pronunciado con solemnidad. Por desgracia, su siguiente ingreso al hospital fue el último. No les dejó mucho dinero a sus hijas, si es que les dejó algo. Sin embargo, estoy seguro que les dejó la fuerza que tenía para luchar por la vida.

"Saludgénico"

En la escuela de medicina estudiamos personas enfermas, personas muriendo y también cuerpos muertos. Mirábamos la anatomía gruesa, la sangre, la orina, los ganglios linfáticos, el líquido cefalorraquídeo. Mirábamos diapositivas microscópicas de tejidos tomados de personas con varias enfermedades. Hacíamos pronunciamientos y sacábamos conclusiones según nuestras observaciones. Cuando llegué al hospital del Condado de Los Ángeles en 1958, pasé largas y casi surrealistas noches en pasillos llenos de personas con cuerpos hinchados, brazos y piernas muy delgados, piel amarilla y confundidos, que se movían con desespero en sus camas, vomitaban sangre sobre mi uniforme limpio y terminaban muriendo de un coma hepático (de hígado). Pensé que todos los alcohólicos de Los Ángeles estaban destinados a desarrollar cirrosis y luego una falla hepática y, mucho peor, a mantenerme despierto de 36 a 48 horas sin parar tratando en vano de salvarles la vida.

Esta era y es la manera como los médicos aprenden el método *patogénico* (el causante de la enfermedad). Mira a los enfermizos. ¿Cómo viven, cómo se enferman y cómo mueren? La enfermedad era emocionante y era sencillo verla. Encuentra un infarto al miocardio (ataque cardiaco), la trombosis coronaria (obstrucción en una arteria coronaria), la obstrucción en la bronquitis crónica (que suele ser el resultado final de fumar cigarrillo o de exposición laboral a químicos o partículas), el cáncer de tiroides (que suele darse por la exposición a iodo radiactivo u otras sustancias), la mesotelioma (un cáncer que se debe a la exposición a asbestos muchos años antes), la tuberculosis (debido a la exposición al germen de la microbacteria tuberculosis). Identifica y clasifica la patología. Pero, ¿qué sucede con las personas que están expuestas a los mismos gérmenes, químicos, estrés, etcétera, pero que siguen saludables? ¿Qué sucede con las personas que no se enferman?

Poco a poco, comencé a mirar otra forma de ver a mis pacientes y a las personas en general. Llegué a la perspectiva *"saludgénica"* (el causante de salud), la idea de estudiar a personas saludables es tan esclarecedora como estudiar la enfermedad. Quizás más importante. Por ejemplo, ¿por qué un tercio de los sobrevivientes de los campos de concentración nazis que sufrieron años de malnutrición, trabajos forzados, horribles condiciones sanitarias, abuso físico y la constante amenaza de muerte estaban saludables muchos años después, mientras que muchos de los otros sobrevivientes estaban enfermos? ¿Qué sucede con ese tercio de sobrevivientes?

Muchos veteranos del Vietnam enfrentaron los horrores de la batalla y vieron explotar a sus compañeros. Sin embargo, solo unos pocos sufrieron trauma emocional a largo plazo. ¿Por qué? He tenido pacientes a quienes les hemos puesto de diez a quince litros de sangre mientras sangraban la misma cantidad en poco tiempo. Ellos han tenido múltiples problemas incluyendo fallas renales, insuficiencia cardíaca congestiva, conmoción, ansiedad severa y depresión. Han estado bajo presión física, emocional y mental, pero se han recuperado hasta vivir una vida plena. Otros, a menudo con menos enfermedades, han sucumbido y se han convertido en especímenes patológicos en el laboratorio de autopsias.

Claro que había factores de riesgo que podía mirar, tales como colesterol, obesidad, alta presión arterial, cigarrillo, alcohol, diabetes y demás. Estos factores de riesgo estándar no siempre eran muy esclarecedores. Después de todo, en ese entonces muchos hombres de mediana edad fumaban cigarrillos, consumían mucho alcohol, tenían sobrepeso, no se ejercitaban y tenían alta presión arterial. Algunos tenían diabetes mellitus y antecedentes familiares de infartos. Otros no. Algunos tenían niveles de colesterol muy elevados, otros los tenían medianamente altos, mientras que otros tenían niveles normales. Los factores de riesgo estándar no explicaban nada.

¿Qué estaba pasando por alto? Cada semana firmaba de cinco a siete certificados de defunción. Solía preguntarme si alguien en todo el estado estaba llevando algún registro. Me preguntaba si decían: "¡vaya! El doctor Fox es nuestro hombre número uno". De hecho, muchos de los certificados que firmé eran de personas que estaban muertas al momento de llegar o casi muertas. Sin duda, el método patogénico dejaba mucho que desear. En los años 1970, libré una batalla casi en solitario con mis colegas para incluir el estrés (es decir, la angustia) como un factor de riesgo importante para las enfermedades de arterias coronarias, así como otros trastornos. Hice una campaña por buscar que las personas cambiaran sus dietas y redujeran el estrés en sus vidas. Aunque eso ayudó, todavía faltaba algo. El colesterol alto, la elevada presión arterial, los cigarrillos, el alcohol y otros elementos eran patogénicos. La comida saludable, el ejercicio y la disminución del estrés eran saludgénicos. Aun así, algo faltaba.

Ahora, reforzado por muchos estudios nuevos, estoy convencido de que, en muchos casos, la "ilusión" era lo que faltaba. La ilusión, algo que no parece tan importante, puede ser una gran medicina. Habiendo dicho que la ilusión es importante, permíteme retroceder por un momento y hablar sobre la medicina llamada "control". Luego volveremos con la "ilusión".

¡Bájalo!

Acostado en una cama de hospital, luchando con lo que parecía una batalla perdida contra el cáncer, Alex quería tener el control de lo que más pudiera en su vida. Así solo se tratara de la marca de gelatina que comía, él quería tener el control. Muchos estudios interesantes han examinado esta idea de control. Aunque algunos investigadores han llegado a diferentes conclusiones, considero que el control es tan importante para nuestra salud como lo es la buena alimentación. Por ejemplo, si tomas animales de laboratorio y les das choques eléctricos, afectarás su sistema inmunológico[10]. Con todo, si les das a las ratas algo de control sobre los choques, por ejemplo, les dejas presionar una palanca para evitar el choque, su sistema inmunológico no sufrirá daños. Los animales siguen recibiendo choques, pero tienen algo de control. Tener tan solo un poco de control refuerza su salud.

En un fascinante estudio[11], los investigadores de la Universidad de Wisconsin dividieron monos en tres grupos. El primer grupo fue obligado a escuchar sonidos terribles y nocivos, pero se les dio algo de control. Se les presentaba una palanca retraíble en ciertos momentos específicos. Al mover la palanca, los monos podían apagar el terrible sonido.

El segundo grupo escuchaba el mismo ruido, por la misma cantidad de tiempo, pero no se les permitía apagarlo.

El tercer grupo, el grupo de control, no tenía que escuchar el ruido.

El ruido de alta intensidad es estresante, en especial el tipo de ruido al que esos monos estaban obligados a escuchar: los sonidos de herramientas eléctricas operando, maquinaria pesada, taladros, motos de nieve y similares. Trece minutos de ruido, dos minutos de silencio: los monos fueron sometidos a estos sonidos durante cuatro ciclos completos para un total de una hora.

Como era de esperar, el terrible ruido molestaba a los animales. En la sangre de monos que no tenían control sobre el ruido y no podían elegir más que escuchar y esperar que terminara pronto, se encontraron niveles elevados de cortisol, un indicador de estrés. No solo eso, los monos que no tenían control interactuaban mucho menos entre sí después de ser expuestos al ruido. El ruido hacía daño a los monos que no tenían control, en lo físico (el cortisol elevado) y en el comportamiento (menos contacto social).

Para los monos con control sobre el ruido, los que movían la palanca para apagarlo, los niveles de cortisol (estrés) *no* aumentaron significativamente, y el comportamiento social *no se vio afectado* (en comparación con los tiempos de silencio). Tener control, así fuera un poco, era tan efectivo como medicina.

La percepción es realidad

Tener control es importante. Así como *sentir* que estás en control. Muchos grandes pensadores han dicho palabras indicando que "si piensas que puedes, tienes razón. Si piensas que no puedes, también estás en lo cierto". Ellos saben que lo que creemos influye en nuestro desempeño. Quienes creen que están en control de la situación o pueden ganar control, por lo general tienen mejor rendimiento que quienes están convencidos de que los eventos están fuera de su control. El pensamiento positivo conduce a acciones positivas.

Entre mis compañeros de juego de la niñez, quienes tuvieron éxito fueron los que creían que lo lograrían. Los chicos más inteligentes de la universidad o de la escuela de medicina no eran los que tenían las mejores calificaciones, sino los que creían que podían obtenerlas. El talento físico es importante, pero entre todos los jugadores de las ligas infantiles que mis hijos y yo hemos entrenado, los que creen que son Babe Ruth se convierten en los mejores bateadores.

Los investigadores han estudiado niños en relación con el control y la confianza. Incluso cuando están fallando, los niños que creen que tienen control de la situación y creen en sí mismos tienen un mejor desempeño que aquellos que se consideran a sí mismos unos fracasados. En un interesante estudio[12], se hicieron dos grupos de niños según rasgos de personalidad, el grupo "positivo" y el grupo "negativo". A todos los niños se les pidió que respondieran preguntas según figuras dibujadas en tarjetas. La prueba estaba preparada para que, después de tener algo de éxito al comienzo, los niños comenzaran a fallar.

En la parte inicial de la prueba, la parte en la que a todos los niños se les permitía tener éxito, tanto los niños "positivos" como los "negativos" tuvieron un buen desempeño. Esto sugiere que ambos grupos eran igual de inteligentes. Sin embargo, cuando llegaron a la parte de la prueba que estaba alterada y comenzaron a fallar, las diferencias en sus actitudes y rendimientos eran muy diferentes.

Cuando el progreso se hizo difícil, los niños "positivos" pensaban que fallaban porque no estaban intentándolo lo suficiente. Lo que debían hacer, creían y decían, era esforzarse más, concentrarse más, y así lo harían bien. Ellos decían "me encantan los retos", "casi lo logro esta vez". Intentaban nuevas estrategias, nuevas maneras de abordar el problema. Un número considerable de niños "positivos" seguían prediciendo el éxito para sí mismos, así estuvieran fallando. Sentían que tenían el control de la situación o podían ganar control con algo de esfuerzo. Los niños "negativos", por otro lado, solían darse por vencidos. Decían que no podían lograrlo porque tenían mala memoria, decían que estaban confundidos. Tendían a usar las mismas estrategias que no funcionaban, y su desempeño cayó en picada. Ellos permanecían en el fracaso y querían abandonar el problema. Sin embargo, los niños "positivos" se concentraban en el éxito que ya habían alcanzado y que sentían que disfrutarían en poco tiempo. Ellos hacían énfasis en lo positivo. Se esforzaban más. Intentaban nuevas maneras.

Los niños eran igual de talentosos. La percepción era la diferencia. Los que sentían que tenían el control o podían tenerlo, superaron en desempeño a los demás. Vi que algo muy similar sucedió hace muchos años cuando Barry, mi hijo y coautor, era joven. Barry no era muy buen bateador de béisbol. Recuerdo que fui al primer juego de la "liga Pee-Wee" de Barry en el parque Sunnyslope de Monterrey Hills. En cuatro ocasiones, él salió ponchado por strikes, dejó caer la única pelota que un jugador oponente bateó hacia donde él estaba en el jardín y terminó llorando. Por fortuna, la temporada fue corta. Desafortunadamente, seguía saliendo ponchado mientras jugaba con los chicos del vecindario, algunos de los cuales se burlaban de él. Con todo, Barry era un chico "positivo". Él creía que, aunque estaba teniendo un mal desempeño, seguía en control. Practicó durante todo el invierno, bateando piedrecillas con un palo en nuestro patio trasero. Cuando llegó la primavera y los niños del vecindario eligieron sus equipos para el primer juego, Barry fue el último en ser escogido.

Esa fue la última vez que lo escogieron de último, porque resultó que ya nadie pudo volver a poncharlo. Bateaba todo lo que los lanzadores le servían y bateaba "donde no estaba nadie", poniendo la pelota con mucho cuidado entre, sobre al rededor y a través de los jardineros. Terminó la temporada de liga infantil como el jugador más valioso de su equipo y miembro del equipo de estrellas. Toda la práctica del invierno valió la pena e hizo toda la diferencia, porque él creía que tenía en control o podía tener el control de su vida.

Un estudio de 35 años entre graduados de la Universidad de Harvard de los años 1940 evaluó este mismo tema. Los estudiantes fueron agrupados según la manera como explicaban las cosas malas que les sucedían en sus empresas y en sus vidas personales como miembros de las Fuerzas Armadas en campo de guerra y cosas similares. Algunos decían que la culpa de sus problemas, y todos tenemos problemas, estaba en sus propios defectos: *se culpaban a sí mismos*. Los que se culpaban a sí mismos por sus dificultades eran menos saludables años después que aquellos que no se culpaban a sí mismos. Los jóvenes adultos pesimistas tenían mayor riesgo de enfermarse siendo ancianos que los jóvenes adultos optimistas [13].

¿En realidad, quién está en control y, de verdad... importa?

El concepto que postula que tener control sobre tu vida puede ayudarte a tener mejor salud y mayor éxito tiene sentido. Sin embargo, ¿de verdad tenemos tanto control como creemos tenerlo? ¿Y esto tiene importancia?

En realidad, los niños "positivos" que superaron a sus amigos "negativos" no tenían control: la prueba estaba alterada para que todos tuvieran éxito al comienzo y luego fallaran. Los investigadores estaban controlando el espectáculo, no los niños.

¿Y qué en cuanto a los monos, los que detenían el ruido al mover la palanca? Resulta que, en realidad, ellos no tenían mucho control. Solo creían que lo tenían. Verás, la palanca retráctil que ellos movían para apagar el sonido se introducían al recinto un poco antes que el sonido estaba programado para terminar. (Eran cuatro ciclos de trece minutos de ruido, cada uno seguido de dos minutos de silencio. La palanca se introducía justo antes que terminaran los trece minutos). Los monos estaban bien entrenados, movían la palanca tan pronto la veían. *El ruido iba a terminar pronto, ya fuera que ellos la movieran o no.* Ellos tenían la ilusión de tener control. Creer que tenían el control hacía una diferencia física y emocional para su bien.

Una nota adicional sobre el control

Los investigadores del estudio sobre monos y ruido ahondaron más al quitarles el control a los monos que habían aprendido a mover la palanca. Los monos escuchaban el mismo ruido durante la misma cantidad de tiempo. La palanca se introducía a la jaula de manera intermitente, pero cuando los monos la movían, no sucedía nada. El grupo que perdió el control sufrió mucho. Comparado con los tiempos de silencio, sus niveles de cortisol (estrés) durante periodos ruidosos se dispararon. Algunos también se volvieron un tanto agresivos.

No tener ninguna molestia es ideal, seamos monos o humanos. Pero si hemos de tener molestias, es mejor tener algo de control sobre el problema, así el control esté más que todo en nuestras mentes. Lo peor es perder el control que una vez tuvimos.

La realidad de la ilusión

A comienzos de este capítulo, dije que la ilusión puede ser una medicina poderosa. Los monos tenían la ilusión de poder controlar. Así como los niños "positivos". Los científicos les dieron esa ilusión a los monos. Los niños crearon esa ilusión por sí solos. Al parecer, ellos enfrentaban la vida engañándose a sí mismos, pretendiendo. Sus pretensiones eran positivas. Esto les ayudó a tener éxito, así que, en cierto sentido, no era del todo un engaño. Era real.

Decimos que quienes creen en ilusiones están locos. Después de todo, todos deberíamos ser realistas y racionales, ¿correcto? ¿Cuál grupo fue más realista, el de niños "positivos" o "negativos"? Ellos estaban tomando la misma prueba, al mismo tiempo, en el mismo sitio. La diferencia estuvo en la percepción. Ilusión es percepción. Ahora, cuando hablo de ilusiones, no hablo de ver elefantes color rosa bailando en el tablero de tu auto, creer que eres Napoleón o saltar desde la cima de un edificio porque crees que puedes volar. No, estoy hablando del tipo de ilusión que viene de tu percepción positiva, el tipo de ilusión que te estimula a una acción positiva.

Cuando los médicos le dijeron a mi abuelo que le quedaban x cantidad de meses de vida, su respuesta fue desafiante: "médicos, ¿qué saben ellos?" Él siguió trabajando hasta el final de su vida, que fue mucho más de lo que otros le habían predicho. Él tenía una ilusión. Los "datos" fríos, claros y precisos de la ciencia médica decían que estaba declarado que su muerte llegaría en poco tiempo. La muerte inminente era la "realidad". Él veía las cosas de manera diferente. Su ilusión se convertía en su realidad. Él decía que iba a vivir más de lo que los médicos decían, y así lo hizo.

El señor Halberstram, aquel paciente que escandalizó el hospital haciendo lagartijas poco después de su infarto, estaba desafiando la "realidad". La realidad decía que él debía estar en cama. Sin embargo, él tenía una ilusión, una ilusión de salud. Su ilusión se convertía en su realidad.

Una vez, un paciente llegó a mi consultorio muy emocionado, pidiendo esas "inyecciones mágicas" para perder peso que había oído nombrar. Yo le dije que no tenían ninguna inyección mágica para perder peso, pero insistió en que yo sí las tenía. Dijo que se las había aplicado a un amigo de él, y que él había perdido cincuenta libras. Hablamos por un rato hasta que accedía a darle las "inyecciones mágicas para perder peso". Le di una instrucción para hacer dieta y le dije que fuera a visitarme una vez a la semana durante varias semanas. Luego le dije a mi enfermera que le aplicara una inyección de solución salina (agua salada) cada vez que él viniera. También debía pesarlo y, sin importar cuál fuera su peso, decirle que el doctor estaba muy decepcionado con él. Todo era una ilusión, no había "inyección mágica para perder peso". Pero, ¿sabes qué? Él perdió mucho peso, rápido, y no lo volvió a ganar. Su ilusión se convertía en su realidad.

Ilusión es percepción. Mi abuelo pensaba que iba a estar saludable. Los niños "positivos" creían que iban a tener éxito. Dado que mucho de lo que nos sucede en la vida está sujeto a nuestra percepción, la ilusión puede convertirse en nuestra realidad.

¿Qué ilusiones deberíamos tener? Hay muchas. Incluso ante la evidencia de lo contrario, deberías creer que:

* *Puedes hacerlo.*

* *Estás en control de tu vida.*

* *Tu vida es significativa.*

* *Tu vida es manejable.*

* *La vida es genial.*

* *Las personas en esencia son buenas.*

* *Si las cosas están mal ahora, van a mejorar después.*

* ***Puedes** hacer una diferencia.*

¿Estas son ilusiones? Quizás para ti lo sean en el momento. Pero recuerda: *las ilusiones tienen cómo convertirse en realidad.*

SDC

Supongo que pareciera que hemos estado divagando a lo largo de este capítulo, hablando de un paciente que hacía lagartijas, otro que quería controlar su vida, monos moviendo palancas y niños tomando una prueba, ilusiones y realidad. ¿Cuál es la conexión?

La idea que estamos tratando de transmitir en nuestros rodeos es esta: *creer que estás en control de tu vida es una medicina poderosa, así no tengas el control. La sensación de control puede ayudarte a tener mejor salud, ser más feliz y tener más éxito en todo.*

Mi abuelo siempre sentía que tenía el control de su vida. ¿Lo tenía? Si hablamos de manera objetiva, en realidad no era mucho el control que tenía. Colgado en la parte más baja de la escalera económica, en cualquier momento podía terminar algunos peldaños más abajo. El trabajo duro de toda una vida era completamente necesario. No tenía influencia sobre el gobierno ni tampoco en la política. La verdad es que, en nuestra comunidad, era bien conocido y respetado, pero el nuestro era un círculo pequeño. Aun así, mi abuelo sentía que era el maestro de su destino. ¿Cómo podía ser así?

Todo tenía sentido para él. Él sabía quién era.

Entendía la vida, según su interpretación de ella. Sentía que tenía un papel, pequeño pero importante, que debía desempeñar. Creía que podía realizar sus deberes asignados y que, tras su muerte, recibiría su recompensa por hacerlo. En su reciente libro, *Unraveling the Mystery of Health*, A. Antonovsky ensambló, destiló y describió estas cualidades de una manera un tanto diferente pero atractiva[14]. Antonovsky aseguraba que las personas con un fuerte *"Sentido de coherencia"* (SDC) tienen mayores probabilidades de ser emocional y físicamente saludables que las demás.

"Este sentido de coherencia es una orientación global que expresa la medida en la que se tiene un sentimiento persuasivo, duradero y dinámico de seguridad en que:

1. La lucha que se deriva de nuestros entornos internos y externos en el transcurso de la vida es estructurada, predecible y explicable;

2. Tenemos los recursos disponibles para cumplir con las exigencias que presentan esos estímulos;

3. Esas exigencias las vemos como retos dignos de inversión y compromiso" [15].

En otras palabras, si crees que la vida es entendible, manejable y significativa, tienes un sentido de coherencia. La vida tiene sentido para ti. Crees que puedes hacer lo necesario, puedes realizar tu función, superar la mayoría, si es que no todos, de los obstáculos. Por último, sientes que tu vida tiene un propósito, que al final has hecho una diferencia. Y puedo añadir que el sentido de coherencia viene sin falta de tu perspectiva y de tus sentimientos. Nadie puede decir, hablando de manera "objetiva", que tienes o no tienes un sentido de coherencia. Eso depende por completo de ti.

Mi abuelo tenía un gran sentido de coherencia. Alex, el paciente "malo", tanteaba rumbo a su sentido de coherencia. Los niños "positivos" que tomaban la prueba alterada tenían un sentido de coherencia del que carecían los niños "negativos".

Una vida comprensible, manejable y significativa: esa es la receta del SDC.

1.   Entendible: explicable, comprensible. Mi abuelo y otros como él habían sufrido en medio de la guerra, el hambre, la muerte, los desastres financieros y más, pero él sentía que todo tenía una razón. En la mente de mi abuelo, todo lo que sucedía era una oportunidad que Dios le daba para aprender algo, para crecer o para experimentar los aspectos amargos y dulces de la vida. Él meditaba con más detenimiento ante la pérdida de un ser querido y lo consideraba como la manera en que Dios nos recuerda que el amor, la familia y los amigos son más valiosos para nosotros que tener casa, joyería y dinero.

2. Manejable: esto viene de la sensación de tener o poder desarrollar las destrezas o la capacidad para enfrentar la mayoría de lo que surja en tu camino. Crees que eres confiable y capaz. Estás orientado hacia una meta o varias metas. Puedes trabajar de manera independiente y sentir que puedes manejar la presión. Organizas los problemas con optimismo y trabajas para resolverlos, sin quedarte rumiándolos todo el tiempo. Tienes la seguridad de siempre poder mantenerte a flote, incluso en medio de mares tormentosos. Sé que mi abuelo siempre creyó que no tenía ninguna posibilidad de perder, porque Dios era su aliado.

Cuando crees que la vida es manejable, sabes que todos vamos a ganar un poco y a perder un poco. Comprendes que a veces les suceden cosas malas a personas buenas, pero no te quedas con lo negativo. Sabes que las respuestas están más disponibles para quienes se concentran en lo positivo, en las posibilidades. ¿Debes tener todos los recursos para alinear la vida antes de sentir que es manejable? No, solo basta con la percepción. Reunirás las destrezas y herramientas necesarias para manejar la vida a medida que avanzas. Con todo, es posible que nunca comiences si esperas hasta que todo esté garantizado antes de hacer tu primer movimiento.

3. Significativa: ¿para ti qué significan la vida y sus eventos? ¿Es todo un trabajo penoso o hay un sentido de logro en tu trabajo y/o pasatiempos, un sentimiento de gozo al pasar tiempo con tus hijos, un momento de simpatía cuando prestas tu hombro para llorar? Sentir que vale la pena vivir la vida, que está llena de oportunidad para dar y compartir gozo, crea un sentido de coherencia.

Tener una vida entendible, manejable y significativa = un sentido de coherencia = mejor salud emocional y física, además de una ventaja para alcanzar el éxito. Y, ¿sabes qué? Todo puede ser una ilusión. Nadie puede decir si nuestra vida es entendible, manejable y significativa. Todo es cuestión de percepción. Todo es cuestión de cómo vemos las cosas. Nosotros controlamos nuestra percepción, así que somos nosotros los que tenemos el control, nosotros determinamos si tenemos o no un sentido de coherencia. *Siente* que la vida vale la pena, y así será.

Para mí, la vida es entendible, manejable y significativa. Cuando era un estudiante pobre y me preguntaba dónde podría obtener el dinero para pagar la renta y alimentar a mi familia, la vida era entendible, manejable y con significado. Después en la vida, cuando mis malas decisiones y un incendio devastador casi acaban conmigo, la vida siguió siendo entendible, manejable y significativa. ¿Era eso una ilusión? Hablando de manera "realista", debí sentir que la vida era incomprensible, inmanejable y sin sentido: mis hijos nos ayudaban a mi esposa y a mí a pagar nuestra renta, mi consultorio médico, que tenía un seguro que cubría muy poco, quedó en llamas a mano de un incendiario, y todavía estaba librando una batalla cuesta arriba para hacer que mis colegas médicos reconocieran la importancia del estrés. ¿Mi sentido de coherencia era una ilusión? ¡Claro que no! Yo creía en él, así que era real. Mi interpretación era la única "realidad" que contaba.

Ni siquiera importa si podemos "demostrar" que alguien no tiene los recursos para hacer que la vida sea manejable. Recuerda a los niños "positivos" haciendo su prueba. La prueba estaba alterada para que ellos *tuvieran* que fallar. Siendo objetivos, la vida no era manejable para ellos en ese momento. Pero ellos sentían que sí lo era, y su ilusión era la única "realidad" que contaba.

La casa de muñecas de Gail

Puede ser difícil darle sentido a la vida. Piensa en lo dura que puede haber sido para alguien que no haya nacido con todas las bendiciones que damos por hecho. He conocido a una mujer llamada Gail ya por un tiempo. Aunque tiene una discapacidad mental (su cerebro no funciona como debería), ella tiene un fuerte sentido de coherencia. Gail se deleita en su éxito y mantiene en perspectiva sus fallas. Eso no es tan fácil como suena, ya que sus triunfos son pocos y muy escasos, mientras que sus fracasos son muchos. Con todo, si leyéramos el libro de sus memorias, estoy seguro que sus triunfos los encontraríamos escritos en negritas, encerrados en rojo, mientras que sus fracasos estarían en letras pequeñas a los márgenes.

Gail enfrenta cada tarea nueva con energía y entusiasmo, aunque sabe que el progreso va a ser lento. Nada es fácil para ella, nada excepto su hermosa sonrisa. A sus padres, que tenían sus mentes llenas con los grandes sueños que todos los padres tienen para sus hijos, se les dificultó aceptar el hecho de que su primera hija era "lenta". Aunque eran buenas personas, les resultó más fácil concentrarse en sus otros hijos, quienes eran brillantes, y dejaron que la "escuela especial" se encargara de Gail. Sin embargo, Gail no estaba contenta con mantenerse al margen toda la vida, siendo objeto de compasión y tratada como si fuera una niña. Ella me dijo que, durante años, se sintió muy triste, sentía que era "como las sobras". Quería tener su propia tienda de muñecas, pero sabía que solo era un sueño ocioso.

Un día, dijo, de repente, supo por qué había nacido con una discapacidad, y supo lo que debía hacer: "mi trabajo es demostrar que todos pueden lograrlo haciéndolo yo misma. Se trata de inspirar a otros para que lo logren".

Los maestros de su escuela eran muy amables, pero "sabían" que era "lenta", y no esperaban demasiado de ella. Estaban muy interesados en enseñarle a Gail y a sus compañeros habilidades básicas. Cuando Gail dijo que quería tener su propia tienda, que quería aprender a administrar, ellos sonrieron y le dijeron "sí, sí, eso es muy bueno querida" y trataron de redirigirla hacia trabajos de oficina. Nunca le dijeron: "no, tú no puedes dirigir una tienda". Tampoco dijeron "sí". La desanimaban de manera constante de muchas maneras sutiles.

Con todo, Gail re rehusaba a retroceder. Ella sabía cuál era su trabajo y estaba decidida a hacerlo. Cuando cumplió quince años, salió por su cuenta y consiguió un empleo de medio tiempo limpiando anaqueles, moviendo mercancía y haciendo mandados para una pequeña tienda de variedades de un vecindario. Ella siempre le hacía preguntas al propietario: ¿cómo sabe qué ordenar? ¿Cómo establece los precios? ¿Cómo organiza una exhibición? ¿Cómo hace la contabilidad? Siendo un anciano amable, el propietario respondía todas sus preguntas, repitiendo una y otra vez con paciencia todos los procedimientos. Cuando él murió y la tienda cerró, Gail soportó muchos rechazos antes de encontrar otro trabajo de bajo nivel en una tienda. Ese trabajo no funcionó, así que cambió a otro, siempre con la determinación de aprender todo lo que podía respecto a cómo administrar una tienda. Encontró otro trabajo en una pequeña tienda de ropas con una propietaria muy simpática. Su nueva jefa, una mujer llamada Mona, enseñó con paciencia a Gail todo sobre mercancía, órdenes, exhibiciones, precios, contabilidad y demás cosas. A diferencia de los maestros de Gail, Mona no sabía nada de enseñanza a discapacitados. Lo único que sabía de enseñanza era siempre ser amable.

Un día, cuando Gail llegó a trabajar, Mona le puso un pequeño prendedor en su blusa. Decía: "asistente de gerencia".

"Me sentí tan orgullosa que lloré", dijo Gail. "En ese momento supe que iba a tener mi propia tienda de muñecas".

¿Cómo iba Gail a tener su propia tienda? Ella había ahorrado todo su dinero, pero no era suficiente. Sus padres no tenían dinero para comprarle una tienda. Gail dijo que en su mente nunca tuvo ninguna duda de que iba a tener una tienda. "La consecución del dinero era tan solo otro problema que había que resolver", explicó. "Había aprendido lo que debía hacer para superar los otros problemas, así que también podía superar este".

Se inscribió a una clase de contabilidad y mercadeo en la universidad técnica local. Tenía que leer cada libro tres veces, tenía que grabar las clases y escucharlas una y otra vez, pero eso no la detuvo. A cada persona que conocía, Gail le decía cuál era su sueño. A sus amigos, familiares, clientes, proveedores, a sus maestros y a sus compañeros de clase, a todo el mundo.

Un largo periodo de tiempo pasó sin ningún progreso para su tienda. Luego, uno de los clientes de la tienda donde trabajaba le dijo a Gail que daría $500 dólares para la tienda de muñecos de Gail *si* alguien más también invertía en ella. Emocionada más de lo que podía creer, Gail encontró otro inversionista. Luego Mona, su jefa, le ofreció un espacio de exhibición en la tienda de ropa. "La casa de muñecas de Gail" nació con el dinero de inversión, los propios ahorros de Gail y tres hileras de muñecos en un espacio de exhibición prestado.

Gail dijo que el día que abrió "la casa de muñecas de Gail" todo parecía tener sentido para ella. Su vida era entendible, manejable y significativa. Sabía que su trabajo era inspirar a otros a triunfar, mostrándoles con su ejemplo, y sabía que lo podía hacer de una u otra forma.

Tiempo después, "la casa de muñecas de Gail" creció mucho para estar en su sitio inicial. Encontró un nuevo lugar en una pequeña tienda, atendida por Gail, la administradora. "Ya no soy una sobra", dice ella. "Soy una tendera. Lo logré. Cualquiera puede hacerlo".

No sé si todos puedan hacerlo. Puede ser necesario alguien con los talentos especiales de Gail.

Rx: PERCEPCIÓN POSITIVA

En una ocasión, Gail me dijo que, en su apartamento, guarda una caja de zapados llena de pequeñas rocas de colores brillantes y bien pulidas. Cada mañana, ella pone la caja en una mesa, la abre y mete sus dos manos en ella, tomando dos puñados grandes de piedras coloridas. Sostiene las piedras con fuerza, mirando lo que ella llama sus puñados de potencial.

"Cada piedra es algo que puedo hacer", me dijo. "Cada piedra es algo que he hecho bien y algo más que pronto haré bien".

Es una idea asombrosa, de hecho, ella se aferra a su potencial, viéndolo al mismo tiempo como las cosas buenas que ha hecho y las grandes cosas que va a hacer. Luego, para simbolizar el control en su vida, pone varias piedras sobre la mesa, una a la vez, formando un círculo. El hecho de poner cada piedra hace énfasis en que ella determina los patrones en su vida. Ella elige el círculo como su patrón, explicó, porque un círculo no tiene principio ni fin. Ella cree que su éxito, como el círculo, seguirá para siempre.

¿Los "fracasados" o los "negativistas" que están convencidos de que nunca van a triunfar pueden aprender a pensar en el éxito? ¿Pueden ellos tomar control de sus vidas? Sí. Lo he visto suceder muchas veces. Si Gail puede hacerlo, nosotros también. Y recuerda que el "trabajo" de Gail en la vida es mostrar que podemos hacerlo.

Simbolicemos nuestro control de la manera en que lo hace Gail. Compra una cantidad de piedras pulidas. Puedes conseguirlas en tiendas de pasatiempos y otras tiendas. O sal y recoge dos puñados de piedras lizas, usa canicas o algo similar.

Comienza tu día tomando dos puñados de piedras. Míralas: estos son los éxitos de ayer, estos son el potencial de mañana. Ahora, poco a poco, haz un pequeño círculo sobre una mesa, poniendo una piedra a la vez, mientras dices:

La vida está compuesta de muchos pasos, unos largos y otros cortos.

Cada paso me lleva al siguiente.

Quizás no sepa cuántos giros y cambios tenga por delante, pero sé que siempre hay un camino.

Haciendo realidad las ilusiones

El padre de Susan la abandonó a ella y a su madre cuando Susan tenía unos pocos años de edad. Cuando ella cumplió cinco años, su madre sufrió un colapso nervioso y, como no podía cuidar de su hija, la entregó a las autoridades. Así comenzó la odisea de Susan, yendo de un hogar sustituto a otro. Durante doce años vivió en unas quince casas, y esto hizo que se sintiera como un trozo de madera a la deriva, movido por las olas del mar, sin nunca saber hacia dónde iba, sin nunca sentir tierra firme bajo sus pies, sin saber si estaba en la superficie o bajo el agua. Justo antes de su decimoséptimo cumpleaños, Susan fue enviada a un nuevo hogar sustituto. Probablemente ese sería el último, porque cuando cumpliera dieciocho ya estaría por su cuenta. Cuando la trabajadora social la llevó a su nueva casa, habló a solas con los padres sustitutos y les dijo: "no esperen mucho de ella".

Aunque era una chica agradable, Susan no tenía buenas calificaciones y, como muchos adolescentes de la época, había probado drogas y cosas similares. Como la trabajadora social dijo: "no esperen mucho de ella", durante la cena los nuevos padres de Susan le preguntaron qué quería llegar a ser. Susan respondió: "me gustaría ser doctora, pero no soy tan inteligente como para lograrlo".

"¿A qué te refieres con no ser tan inteligente?", preguntó su nuevo padre.

"No soy muy inteligente. Mis calificaciones en ciencias son 'C', casi pierdo cálculo. No soy muy inteligente. Pregúntale a mi trabajadora social, ella te dirá que no soy muy inteligente".

"Yo creo que sí lo eres", dijo su nueva madre. "La vida te ha empujado por todas partes. Ahora es hora de tomar el toro por los cuernos y decirle a la vida lo que debe escuchar".

"Pero hay mucho por hacer", protestó Susan.

"Divídelo en pequeños pasos", le aconsejó su madre. "Mejora tus calificaciones estudiando todas las noches y los sábados, y asistiendo a la escuela de verano. Prepárate para las pruebas de ingreso a la universidad tomando uno de los cursos de estudio. Investiga sobre universidades, encuentra a cuál te gustaría ir. Luego escoge dos universidades alternativas, por si no ingresas a tu primera opción. Encontremos a un médico que te permita ir a su consultorio para que aprendas un poco. Y lo más importante: establece tus metas. Identifica en cuál escuela de medicina quieres estudiar. Durante los próximos cinco años, todo lo que vas a hacer estará encaminado a llevarte a esa meta".

Eso parecía como algo demasiado exigente para una chica que solía ser expulsada de la casa donde estaba debido a una notificación momentánea, pero Susan tomó el control. Dividió su vida en tareas manejables y estableció su objetivo. Sabía que todo lo positivo que hacía la acercaba más a su meta.

Cinco años es mucho tiempo para una persona joven como Susan. Después de muchos años de frustración, cinco años de estudio pueden ser difíciles, en especial cuando no tienes una familia que te respalde. Por fortuna, los últimos padres sustitutos de Susan quisieron que ella se quedara con ellos, le dieron un lugar que podía llamar hogar, un sitio en dónde pasar las vacaciones, algo de dinero adicional de vez en cuando. Y ellos seguían recordándole que debía "tomar el toro por los cuernos". Establece tus metas, le dijeron. Divide lo imposible en tareas más pequeñas y más manejables, y, por sobre todo, cree en ti misma.

Hoy, Susan es médica, cirujana de corazón, profesora y jefe de personal en un hospital grande. La chica de la que "no se podía esperar mucho" hizo su realidad al tomar el control.

Establece tus metas. Divide tus imposibles en partes manejables. Has realidad tus sueños al tomar el control.

CAPÍTULO SIETE

~ↀↀ~

PERSISTENCIA

"Los mandamases son solo personas normales que no paran de mandar".
— Christopher Morley

En los años 1970, de vez en cuando salía a correr con un hombre que, en ese entonces, estaba en sus cincuentas y se llamaba Lewis. Nosotros corríamos por la pista del séptimo piso del Club Athletic de Los Ángeles. Alto y atractivo, un atleta por naturaleza, hijo de un profesor universitario y una exmodelo, Lewis se refería a sí mismo como el "peor fracaso que jamás haya existido".

"Me llamaría el mejor fracaso que jamás haya vivido", decía, "pero eso indicaría que soy bueno en algo, incluso si se trata de fracasar. Así que me llamo el peor fracaso".

Si seguías hablando al respecto con Lewis, él te decía que era un fracaso rápido. "Solía intentarlo muchas veces antes de darme cuenta que no iba a llegar a ninguna parte", decía. "Ahora me doy por vencido de inmediato, porque sé que no va a suceder".

Lewis había dejado la universidad debido a que sus calificaciones eran muy bajas como para poder ingresar a una buena escuela de leyes. Él contempló la idea de ser un cómico de escenario, pero renunció a eso después de que varias veces lo abuchearon. Sus padres le compraron una pequeña empresa que terminó cerrando tras unas malas decisiones ejecutivas, por problemas con sus proveedores y con el servicio interno de impuestos. Escribió dos novelas, pero los más de veinte rechazos de parte de las casas editoriales lo convencieron de abandonar la idea de ser escritor.

"En lo único que soy bueno es en percibir el fracaso", solía alardear. "Tengo un sexto sentido de fracaso inminente. Eso es bueno, porque no desperdicio energía intentando por mucho tiempo algo que va a fallar, que para mí es la mayoría de las veces".

Lewis era un hombre ingenioso. Te hacía reír con la manera como relataba las historias de sus fracasos. Con todo, mientras te reías por fuera, llorabas un poco por dentro, porque sabías que, a pesar de su sonrisa, él estaba herido. Podías escucharlo en su voz, podías verlo en su cara cuando, con mucha frecuencia, su sonrisa se apagaba.

Lewis dejó de ir al club y no lo volví a ver durante un par de meses. Un día, cuando fui al hospital a examinar a un paciente, lo vi. Estaba en una cama al lado de mi paciente. Me dijo que tenía cáncer y que iba a morir. "He intentado la quimioterapia", dijo con dolor, "pero fracasé. Eso es típico en mí". Sonrió con debilidad: "sigo siendo el peor fracaso que haya existido".

No sé si la quimioterapia lo habría curado o quizás lo habría mantenido con vida varios años. Las probabilidades eran buenas, considerando su tipo de cáncer, su buena salud, su fuerte condición física y edad. Sin embargo, Lewis "sabía" que no valía la pena intentarlo. Él "sabía" que iba a fracasar en su lucha contra el cáncer.

Su actitud negativa fortaleció el cáncer y debilitó la medicina. No conozco los detalles del caso, porque Lewis no era mi paciente. Sí sé que no estuvo mucho tiempo en el hospital y, poco después, escuché de otros en el club que Lewis había fallecido. Supongo, por alguna razón, que el peor fracaso finalmente había hecho algo bien.

ABAJO, PERO NO AFUERA

"El hombre que gana puede haber sido expulsado muchas veces, pero no escuchó al árbitro".

—H.E. Jansen

Siendo un niño creciendo en el sur de Filadelfia, conocía cada rincón y rendija de mi vecindario. Sabía quién vivía en cuál casa, qué hacían y cuál era su procedencia. Sabía por cuál acera ir y qué cerca brincar para llegar más rápido a alguna parte. También conocía, porque era muy importante saberlo, las fronteras étnicas.

En esa época, los diferentes grupos de inmigrantes se asentaban juntos para su protección. Ellos vivían, trabajaban, alababan y jugaban juntos en sus abarrotados "guetos". Los irlandeses tenían el área del río Delaware hasta la calle tercera. Al sur, estaban los más rudos y muy pobres irlandeses escoceses. Al oeste, estaban los italianos. Había un vecindario de judíos, había zonas de inmigrantes polacos, checoslovacos y demás. Sabías cuándo cruzabas una frontera, era evidente por lo que veías, lo que olías y lo que oías. Y, si eras un chico o un hombre joven, cuando cruzabas la línea sabías que estabas en "territorio enemigo". Si los "locales" te veían, te podían volar puñetazos.

Un día, a la edad de ocho o nueve años, tres chicos étnicos me golpearon cuando me vieron caminando por su vecindario. Asustado y lastimado, corrí a casa llorando, y los tres chicos me persiguieron todo el camino. Habrían entrado a mi casa y me habrían seguido golpeando si mi padre no hubiese salido justo cuando yo corrí por las escaleras. Ellos se detuvieron de inmediato cuando traté de esconderme entre las piernas de mi padre. Él me detuvo. Hizo que me pusiera de pie, que diera la vuelta y luego, con poca gentileza, me empujó de vuelta por los escalones abajo y me dio una orden: "no vuelvas hasta que los hayas derrotado".

Tenía más miedo de mi padre que de los chicos, así que, llorando, bajé los escalones decidido a ganar, porque no quería tener que enfrentar a mi padre. Yo lancé mi primer puño y, por accidente, golpeé al chico más grande en la nariz. Él comenzó a llorar y salió corriendo. Luego comencé a golpear a los otros dos y, antes de darme cuenta, los estaba persiguiendo a *ellos* hasta su vecindario.

¿Qué cambió? Los tres seguían siendo más fuertes que yo, pero ahora, yo me rehusaba a darme por vencido. Años después, me encontré en otra batalla perdida, esta vez con un hombre rudo de verdad que siempre me noqueaba. (Por fortuna, en aquel entonces teníamos un código: no pistolas, no cuchillos, no golpear a nadie cuando ha caído y cosas así). Él seguía derribándome, yo tenía mi nariz ensangrentada y me dolía todo el cuerpo, pero yo seguía poniéndome de pie. Él me derribaba y yo me levantaba.

Finalmente, me preguntó: "¿qué debo hacer para que te rindas?" "Vas a tener que matarme", respondí.

¿Sabes qué? Decidió irse. Vio que, aunque era un mejor luchador que yo, no me iba a dar por vencido. No gané esa pelea. Sin embargo, como me rehusé a renunciar, tampoco la perdí. (Por favor, no te lleves la impresión de que estoy a favor de las peleas. No es así. Ni si quiera sé la razón de la mayoría de las peleas y después hice amistades con casi todos los chicos con los que peleé).

Lewis, el "peor fracaso que jamás haya vivido", era un hombre talentoso y educado. Pudo haber sido exitoso en muchas maneras, pero le faltaba "perseverancia". No persistía en nada lo suficiente como para triunfar. No obtuvo las mejores calificaciones en la universidad. Muchos hombres y mujeres de éxito han tenido dificultades en sus estudios. Thomas Edison y Albert Einstein fueron considerados malos estudiantes. Él no pudo ingresar a la mejor escuela de leyes, pero hay muchas otras escuelas buenas. Además, pocos son los abogados que van a las mejores escuelas. La mayoría van a escuelas de leyes de nivel medio.

¿Ser abucheado? La lista de artistas que han sido abucheados en sus primeros años es eterna. Dos de mis favoritos, George Burns y los hermanos Marx, lucharon por años antes de "lograrlo".

¿Malas decisiones ejecutivas? Dos de las vergüenzas en los negocios más conocidas las cometieron inmensas empresas que contaban con el respaldo de ejércitos completos de expertos: Ford perdió una gran cantidad de dinero en su Edsel, y CocaCola cometió una terrible equivocación con su "nueva" Coke. Las historias de malas decisiones de negocios hechas por empresas grandes y pequeñas podrían llenar muchos libros.

¿Problemas de negocios con sus proveedores y el servicio interno de impuestos? Eso hace parte del proceso. (En una ocasión, Barry dedicó tres años como mi representante, tratando de convencer al servicio interno de impuestos que yo era solo una persona, no dos, y que solo debía pagar impuestos por una persona).

¿Cartas de rechazo de parte de casas editoriales? Casi todos los autores que conozco, incluyéndonos a Barry y a mí, tenemos carpetas llenas de cartas de rechazo. Rudyard Kipling, que es considerado uno de los mejores, autor de *El libro de la selva*, recibió una carta de rechazo que entre otras cosas decía: "usted no sabe cómo usar el idioma inglés". Al autor de exitosos libros, Frederick Forsyth, una editorial le dijo que su libro "no tenía el interés de los lectores". El libro era *El libro del chacal*, que vendió más de ocho millones de copias. Una editorial le informó a Richard Bach que su obra *Juan Salvador Gaviota* nunca se vendería como libro de bolsillo. Me pregunto si esa editorial sabe que este texto vendió más de siete millones de copias en presentación de bolsillo. La obra *Robinson Crusoe* de Daniel Defoe fue rechazada por numerosas editoriales.

¿Y el cáncer de Lewis? Bien, nunca se puede asegurar, pero estoy convencido de que Lewis murió tan rápido porque creía que así sería. Él sabía que no podía luchar. Él sabía que era un fracaso, el fracaso más rápido que haya existido.

No escribo esto porque sé mucho o porque nunca me doy por vencido. A veces sí me rindo. Todos lo hacemos. Hace parte de ser humano. Y creo que en ocasiones es más inteligente retroceder, al menos por el momento. El punto, como Henry David Thoreau y el General George Patton y muchos otros han dicho, es que el éxito suele ser cuestión de soportar por un poco más de tiempo.

BIENES RAÍCES, DETERMINACIÓN REAL

"La única buena suerte que muchos grandes hombres han tenido fue haber nacido con la capacidad y la determinación de superar la mala suerte".
—Channing Pollock

Una de mis pacientes, una mujer de veintiocho años de edad llamada Lucy, era casada y tenía dos pequeñas niñas. Lucy y su esposo Tom, al igual que muchas familias de clase media, tenían muchas deudas. Vivían de un salario al siguiente, siempre luchando por pagar el alquiler, y nunca podían ahorrar mucho dinero para las emergencias. Sus tarjetas de crédito estaban al límite y habían tomado dinero prestado de sus padres (quienes no tenían mucho para compartir). Con todo, tenían esperanza. Lucy quería ser una agente de bienes raíces "de las mejores". Planeaba comenzar comprando una pequeña casa desgastada, que ella y Tom podían arreglar y luego venderla obteniendo una buena utilidad. Luego comprarían una casa para alquilar, encontrarían algún terreno no desarrollado para después venderlo y avanzarían a tener edificios de pequeños apartamentos hasta tener propiedades por toda la ciudad. De hecho, Lucy acababa de pasar la prueba del estado y había comenzado a trabajar como vendedora de bienes raíces. Ella y Tom hablaban emocionados por horas acerca de cómo iban a encontrar su primera casa para arreglar y ya iban avanzando.

Sintieron que sus vidas se desmoronaban cuando Tom, que era trabajador de construcción, cayó del techo de una casa en la que estaba trabajando. Sus escasos pagos por discapacidad no eran suficientes para su mantenimiento. Como muchos trabajadores lesionados, el empleador de Tom lo abandonó. Él podía ser elegible para recibir más dinero, pero los abogados debían discutir primero si había sufrido este o aquel porcentaje de discapacidad.

Lucy había comenzado a vender bienes raíces de manera parcial poco antes de la lesión de Tom, pero la economía no era buena y el mercado era terrible. No se vendían muchas casas, y las pocas ventas las lograban personas con experiencia y contactos, más no los recién llegados al mercado como Lucy. Lucy necesitaba dinero pronto para que su familia tuviera donde vivir. Tenía que vender algunas casas. ¿Dónde estaban los compradores?

Lucy dejaba volantes en todos los picaportes del vecindario. Hablaba en clubes de la comunidad, contactaba por teléfono a propietarios de casas, hacía todo lo que debía hacer para encontrar clientes. Ella estudió los vecindarios y fue a todas las exhibiciones para aprender todo lo que podía respecto a las casas en su ciudad. Lucy llevó por toda la ciudad a los pocos clientes que tenía, tratando de venderles una casa. Las dos ventas que logró concretar se deshicieron, porque los compradores no podían obtener crédito para vivienda. Los propietarios de casas estaban desesperados por vender, y ella quería hacer un trato, pero había muy pocos compradores con el dinero disponible.

Cada día llegaba con más noticias desagradables para Tom y Lucy. El propietario del sitio donde vivían estaba amenazándolos con desalojarlos, pues no estaban pagando el alquiler. Las tarjetas de crédito fueron canceladas. Las agencias de cobro los llamaban día y noche. Sus padres no tenían más dinero para darles. El auto de Tom fue embargado. Su lesión no mejoraba y tenía dolores de cabeza constantes. Desesperada por conservar su vivienda, Lucy trabajaba por las noches en una tienda de licores. Dedicaba todo el día a recorrer las calles en busca de compradores que coincidieran con sus vendedores. Seis horas en la noche, cinco noches a la semana miraba con cautela a cada comprador que llegaba a la tienda de licores, preguntándose si iba a sacar una cartera o una pistola.

Aunque Tom trataba de hacer armarios en el garaje para venderlos, tenía mucho dolor como para trabajar más de unas pocas horas al día. Por fortuna, sus dos hijas eran muy pequeñas como para saber que estaban a punto de perder su casa. Se preguntaban por qué no veían a mamá tanto como antes, pero les alegraba tener a papá en casa, así estuviera mucho tiempo acostado en el sofá.

Las malas noticias aumentaban mientras Lucy recorría las calles. Tuvieron que solicitar bonos de alimento y otras ayudas. El gerente de la oficina de bienes raíces amenazó con despedir a Lucy si no producía. Todos le decían que se diera por vencida, presentara una solicitud de protección por quiebra y que buscara un empleo con mesera.

"No quería rendirme", dijo Lucy, "porque sabía que, si persistía, tarde o temprano haría la primera venta". Y la primera conduciría a la segunda y a la tercera si lograba mantenerme. El punto era ser persistente.

"Cuando todo estaba muy mal, cuando me sentaba a llorar y llorar en mi auto, pensaba en lo bien que me iba a sentir cuando recibiera mi primer cheque de comisión. Pensar en eso era lo que me hacía seguir adelante. Sabía que debía seguir adelante".

Lucy no solo persistió, sino que también tomó a los "no compradores". Los no compradores, explicó, son las personas que dicen querer comprar una casa, pero nunca están satisfechos con lo que les muestras. Todo lo que les muestras es muy grande o muy pequeño, muy viejo o muy nuevo, demasiado cerca de una calle principal o demasiado lejos de la calle principal. Cualquier casa es muy costosa o necesita mucho trabajo, tienen demasiadas habitaciones o no tiene suficientes; tiene el tipo de techo equivocado; recibe mucho sol en la mañana o no es suficiente el sol que recibe; no tiene mucho espacio para el perro en el patio trasero o el vecindario no es el mejor; si tiene estufa de gas, ellos quieren eléctrica; está muy cerca de una escuela o muy lejos de un supermercado.

Era natural que los vendedores de la oficina de Lucy abandonaran rápido a los no compradores. Lucy conservó sus propios no compradores y añadió todos los demás a su lista de clientes. Sus compañeros de trabajo le dijeron que estaba desperdiciando el tiempo, pero sentía que, si persistía, hasta podría venderle una casa a un no comprador. ¿Cómo podía ella persistir?, se preguntaba, si estaban a punto de quedar en la calle.

El reloj seguía su curso. No habían pagado su renta en meses. Dentro de pocos días, el propietario haría que el alguacil desalojara a Lucy y su familia del apartamento, y su jefe estaba listo para despedirla, porque todavía no había vendido una casa. No sabían si iban a recibir más dinero por la discapacidad de su esposo y, si lo recibían, no sabían cuándo. Aun así, Lucy salía a trabajar todos los días, les mostraba casas a todos sus clientes, hasta a los no compradores. Todos los días se sentaba a llorar y llorar en su auto, preguntándose dónde iban a vivir y qué iban a hacer.

Pocos días antes que ella y su familia fueran desalojados del apartamento, Lucy fue a trabajar como de costumbre. "Sentía que tenía un inmenso reloj de cincuenta kilogramos atado a mi cuello, seguía sonando y no había manera de retrasarlo". Ese día en particular, iba a llevar a un no comprador a ver casas, aunque ella y otros vendedores ya le habían mostrado cuarenta y dos casas. Lucy describió las ocho casas que tenía en su lista para ese no comprador. De inmediato, descartó cinco de ellas, ni siquiera quería verlas. Acordó ver las otras tres, así que subieron al auto de Lucy y partieron. Mientras conducían hacia la primera casa, él le dijo que no le gustaba el vecindario, así que no quería detenerse a ver. También se rehusó a bajar del auto a ver la segunda, porque pensó que el techo parecía necesitar reparación.

"Únicamente podía pensar en que me iba a quedar sin dónde vivir. Tom, las niñas y yo íbamos a vivir en nuestro auto. Ese reloj de cincuenta kilos atado a mi cuello seguía sonando", dijo después. "Luego, cuando llegamos a la última casa y lo vi sonreír, comencé a llorar. Supe que había vendido una casa".

El no comprador dio una rápida mirada a la casa y era justo lo que buscaba, una réplica de su casa de juventud. Sacó su chequera, hizo un depósito y cerró el trato sin regatear.

"Lloré cuando él firmó la oferta", dijo Lucy. "Aunque todavía no teníamos nada de dinero, supe que íbamos a estar bien. Mi filosofía era la correcta, tuve éxito porque persistí".

Lucy no iba a recibir su comisión hasta que se cerrara la garantía, pero para ella eso no importaba. Ella dijo que, si podía venderle una casa a un no comprador, podía hacerle una venta a cualquier persona. Rebosante de confianza, logró convencer al propietario para que los dejara permanecer en la vivienda. Su gerente estaba tan complacido de que ella hubiese vendido una casa a un no comprador, que dejó de amenazar con despedirla y además comenzó a ayudarla, enviándole clientes o también asistiéndola. Ese fue el comienzo de una exitosa y lucrativa carrera que condujo a la compra de su primera casa para reparar y el inicio de su imperio de bienes raíces.

Lucy no le hizo una venta al no comprador porque era mejor que los otros vendedores. Ella supo persistir. No, retiro lo dicho. Ella *fue* mejor que los otros vendedores *porque* supo persistir.

EL HOMBRE QUE FRACASÓ DURANTE SU CAMINO A LA CIMA

"El fracaso es la oportunidad para comenzar de nuevo con más inteligencia".

—Henry Ford

Uno de los hombres más interesantes que haya conocido me dijo que había fracasado a lo largo de su camino a la cima casi por accidente. John era un estudiante de secundaria de clase media en el medio oeste que quería ser saltador de garrocha. Su héroe era Bob Richards, el reconocido pentatleta ganador de dos medallas de oro que, por muchos años, apareció volando en las cajas de cereal Wheaties. John no era muy buen saltador de garrocha. Nunca lograba elevarse a más de siete u ocho pies del suelo y tendía a aterrizar sobre su cabeza. Sin embargo, nunca se dio por vencido, seguía corriendo por la pista, con la vara a su lado, tratando de remontarse sobre la barra. John no dominaba el salto, pero al entrenador le gustaba su forma de correr por la pista, así que habló con él para que corriera el tramo de 100 yardas. John llegó a ser un muy buen corredor, no el mejor, no un campeón olímpico, sin embargo, sí era muy bueno. John obtuvo una carta universitaria y corrió en los campeonatos de la ciudad. No obtuvo lo que quería en un comienzo, pero obtuvo algo igual de bueno.

En la universidad, él quería llegar a ser un poderoso abogado litigante, un Clarence Darrow o Perry Mason gritando objeciones, sorprendiendo al jurado al hacer confesar al testigo, señalando de forma dramática y gritando: "¡no! ¡*Ese* es el culpable!". Por desgracia, John no obtuvo buenas calificaciones en sus estudios previos a la escuela de leyes. De hecho, llegó a la lista de *otros* del decano. Con todo, él sabía que era inteligente, sabía que habría podido tener un buen desempeño. Este conocimiento propio lo llevó a reevaluar sus metas. ¿De verdad quería ser abogado o esa era la meta que su padre había establecido para él? El fracaso de John (las bajas calificaciones) se convirtió en victoria cuando entendió que en realidad quería ser un hombre de negocios, no un abogado, así que cambió de carrera. No obtuvo lo que creía querer: descubrió lo que sí quería.

Su primer empleo tras terminar la universidad fue como vendedor. Recibió una lista de clientes a quienes debía visitar con frecuencia, incluyendo algunos muy difíciles. Su desempeño estaba un poco por encima del promedio, pero su buen ánimo ante los constantes rechazos causó una buena impresión en su jefe. Como John se rehusaba a darse por vencido, esto condujo a que acumulara muy buenas ventas, así como a ascender en la escalera corporativa. No permitió que el fracaso lo detuviera y tuvo un mejor desempeño que el esperado.

En una ocasión, en un esfuerzo por avanzar más rápido, John desarrolló un innovador método de ventas para su empresa, el cual presentó con audacia a los funcionarios corporativos en una reunión. Ese fue un movimiento muy audaz que condujo al desastre: su plan les pareció horrible y lo destrozaron por completo. Sin embargo, los funcionarios comentaron que les gustaba su manera de hablar y elogiaron sus gráficas y cuadros. Años atrás, estando en la escuela, John había hecho parte del equipo de discurso. Había practicado y practicado, pero nunca superó el tercer puesto en los torneos. Ahora, aunque su plan de ventas era un fracaso, salió de la reunión con un nuevo y mejor cargo, siendo el Director de relaciones públicas y comunicaciones de la compañía. El fracaso no lo detuvo, hizo buen uso de las habilidades con las que había tenido dificultades años atrás.

Unos años después, siendo el Director de desarrollo de una empresa grande, supervisó el nacimiento de un nuevo programa de computadora. Fue un total fracaso. No pudieron vender nada. La compañía había invertido mucho dinero en ese proyecto, y ese fracaso iba a tener un impacto muy grave. En lugar de darse por vencido, John pensó en su problema durante varios días, y se dio cuenta que, en realidad, no habían entendido su programa y lo que este podía lograr. Como resultado, ellos estaban tratando de comercializar el programa a los compradores equivocados. John hizo que los programadores y el personal de mercadeo volvieran a su trabajo. Poco tiempo después, tenían un programa más sólido. Ellos tenían un mejor entendimiento de lo que su programa podía hacer y a quién debían tratar de venderlo. El programa renovado fue un éxito. John logró lo que quería, porque miró el problema desde una nueva perspectiva.

FALLO DE LECTURA

"La adversidad revela la genialidad...".
—Horacio

"Cuando somos niños", dice John, "nos enseñan a leer español, leer mapas, leer música, pero nunca aprendemos a leer el fracaso. La palabra 'fracaso' rara vez significa 'terminado', 'finalizado', 'olvídalo', 'eso es todo'. 'Fracaso' es una de esas palabras que tiene muchos significados. Tienes que saber cómo leerla".

John no tarda en afirmar que su vida estuvo llena de fracaso. De todas formas, llegó a la cima, porque sabía que el fracaso no era más que un mensaje, un mensaje que se podía leer de diferentes maneras. John siguió adelante porque siempre encontraba una interpretación positiva del mensaje.

¿Cómo "lees" fracaso? ¿Qué significa fracaso? Podría significar:

• *Te estás dando por vencido muy rápido*, como yo lo hice con los chicos matones. Un aprendiz de jinete llamado Eddie Accaro tuvo un terrible comienzo: perdió sus primeras 45 carreras. Sin embargo, siguió subiendo al caballo y se jubiló siendo uno de los jinetes más exitosos en la historia de las carreras de caballos con 4.779 victorias en su haber.

• *Tienes el método equivocado*, como John lo hizo con el programa de computadoras.

• *Estás haciendo la cosa equivocada*, estás saltando garrocha cuando deberías estar corriendo. El ya fallecido Branch Rickey no era un muy buen jugador de béisbol. Como catcher, se suponía que debía evitar que los del otro equipo les robaran bases. En un juego en el que él estuvo, el otro equipo les robó un record total de trece bases. Ahora, no era un muy buen jugador, pero llegó a ganar fama como Gerente general de béisbol, el hombre con las agallas para llevar al primer jugador afroamericano a las grandes ligas.

• *Tienes talentos que todavía no han sido desarrollados*, podrás lograr el camino hacia el éxito mediante más estudio o práctica.

- *Necesitas un descanso*, vuelve cuando seas más fuerte. El retiro de Dunkirk en la Segunda Guerra Mundial mantuvo vivo al ejército británico para volver a pelear.

- *Deberías examinar tus motivaciones*, asegúrate de que estás haciendo lo que de verdad quieres hacer, no lo que otros te dicen que debes hacer.

- *Deberías recordar que solo eres humano.*

A lo largo de la vida, he aprendido que el fracaso suele ser éxito que se presenta de otra manera. Como lo dijo Thoreau, una semilla es en realidad una flor cuya belleza no ha sido descubierta aún. Lo mismo suele suceder con el fracaso, es una oportunidad de éxito que se pasa por alto. El fracaso puede ser de muchas maneras. Si aprendemos a leer el fracaso, por lo general avanzaremos.

¿CÓMO LEES TÚ EL FRACASO?

"Siempre enfrentamos grandes oportunidades que se disfrazan brillantemente de problemas que no se pueden resolver".

—Anónimo

¿Cómo reaccionarías a estas situaciones?

1. Dos personas son despedidas de su empleo. Cada una de ellas tiene algunos ahorros, pagos de hipoteca grandes y una familia que sostener.

Uno de los dos dice: *"Estoy arruinado"*.

El otro dice: *"El trabajo no era lo que en realidad quería, así que ahora puedo conseguir uno mejor"*.

¿Cuál de los dos crees que se va a recuperar más pronto?

2. Dos personas se encuentran estancadas en una conferencia aburrida.

Uno de los dos dice: *"¡Detesto estas conferencias tan aburridas! ¡Todo mi día ha sido arruinado".*

El otro dice: *"Esto es muy aburridor, creo que voy a tomar una siesta".*

¿Quién crees que saldrá malhumorado de la conferencia y terminará discutiendo con su esposa?

3. Dos personas no pueden encontrar empleo.

Uno de los dos dice: *"No hay ningún trabajo bueno para mí. Más bien lo olvido".*

El otro dice: *"Algo debe estar mal con mi hoja de vida, quizás no estoy dando una buena impresión en las entrevistas o es posible que esté buscando el empleo equivocado".*

¿Quién crees que encontrará empleo en algún momento?

4. Las propuestas de dos personas en sus sitios de trabajo han sido rechazadas.

Uno de los dos dice: *"Me siguen descalificando. Es probable que me despidan por eso".*

El otro dice: *"miremos cómo puedo arreglar esto".*

¿Quién crees que será promovido en algún momento?

EL SALÓN DE LA FAMA DEL FRACASO

"Todos somos fracasados, al menos los mejores de nosotros lo somos".
—James M. Barrie

¡Escuchemos de fracasos! Escuchemos aquellas personas que no dejan que el fracaso obstruya su camino. Escuchemos quienes se han rehusado a darse por vencidos. Algunas de las mejores figuras de la historia han sido unos magníficos fracasos. Si hiciéramos un "Salón de la fama de fracasos", incluiríamos a:

Cristóbal Colón, quien se dispuso a encontrar una ruta marítima hasta la India. No llegó a donde quería ir, nunca supo que no estaba allá, y no supo que con su plan no habría podido llegar allá.

Mel Blanc, la fabulosa voz de Bugs Bunny y muchos otros personajes de caricaturas. Su historia, que me la relató un amigo, es un estudio de persistencia. Esperando ingresar a la industria de "voces", Mel fue a Warner Brothers para demostrar sus voces. Por desgracia, la persona a cargo se rehusó incluso a escuchar las voces de Mel. Le dijeron que se fuera. Dos semanas después volvió, y de nuevo le dijeron que se fuera. Así sucedió una y otra vez, cada dos semanas durante un año, sin que Mel tuviera una oportunidad de demostrar sus voces. Pasó todo un año de rechazos hasta que un día, conforme al horario, Mel llamó a la misma puerta, esperando que le dijeran que se fuera. Sin embargo, en esa ocasión, otra persona abrió la puerta. Cuando Mel le preguntó al nuevo empleado si podía demostrar sus voces, él dijo sí, y el resto es historia. Mel Blanc era muy talentoso, pero sin su perseverancia, Bugs Bunny no habría sonado como Bugs Bunny.

George Washington, el gran general que rara vez ganaba una batalla. De hecho, sus habilidades militares despertaron sospechas de muchos de sus contemporáneos. Thomas Jefferson dijo con mucho tacto que Washington "no era un gran estratega". El más abierto John Adams se refirió al general Washington como un general "torpe". Con todo, Washington ganó la guerra. Él mantuvo al ejército del pueblo en funcionamiento hasta que las circunstancias y los franceses se unieron para liberar a los Estados Unidos.

Paul Erlich, quien buscó una cura para la sífilis en la primera década de este siglo. En su intento número 606, encontró una llamada *salvarsan*. Ni siquiera 605 intentos lo detuvieron. Por cierto, sus 605 fracasos fueron tan conocidos que el medicamento solía llamarse "606".

Thomas Edison, quien fracasó más de mil veces en su búsqueda de un filamento para la bombilla eléctrica. Si Edison no hubiese persistido, no habría convertido la noche en día.

Albert Einstein, a quien uno de sus maestros le dijo que lo que fuera que llegara a hacer cuando creciera lo haría muy mal.

Charles Goodyear, quien arruinó las finanzas de su familia y su salud al luchar por años para hacer que el caucho fuera útil. Aunque, según la historia, le había prometido a su esposa que iba a dejar de experimentar, usaba la cocina de su casa como laboratorio cuando ella no estaba en casa. Al ser sorprendido cuando ella volvió a casa de manera inesperada, escondió su última mezcla en la hornilla de calefacción, que todavía estaba caliente. Cuando ella partió, él abrió la hornilla y descubrió que el calor de la hornilla había "cocinado" su última mezcla y la había convertido en caucho vulcanizado, justo lo que él estaba buscando.

Algunos científicos serios, quienes estaban tratando de inventar el sustituto del caucho durante la Segunda Guerra Mundial. En su proceso, mezclaron por accidente ácido bórico con aceite de silicona. La mezcla fracasó, no era el sustituto del caucho que estaban buscando. Sin embargo, su invención accidental terminó ganando fama como Silly Putty.

Los hermanos Marx, quienes se independizaron después de muchos fracasos. De hecho, fue cuando un público de Texas salió del sitio donde se estaban presentando y Groucho comenzó a insultar a la audiencia que los hermanos Marx comenzaron a desarrollar su estilo distintivo.

Nathan Birnbaum, un mal cómico de vodevil que fue expulsado de un teatro a otro. Los administradores no contrataban a Nathn después de ver su actuación. Tuvo que cambiarse el nombre una y otra vez para poder obtener empleos. Él se rehusó a darse por vencido. Terminó haciendo equipo con Gracie Allen y cambió su nombre a **George Burns**. Ahora, con más de noventa años, George sigue fuerte.

Clark Gable, quien fue descartado de un estudio de grabación de películas porque sus orejas eran muy grandes.

Lucille Ball, a quien una de sus primeras profesoras de drama le dijo que probara otra profesión, cualquier otra profesión.

Marilyn Monroe, a quien un ejecutivo de la industria de modelaje le aconsejó que buscara empleo como secretaria porque nunca triunfaría como modelo.

Clint Eastwood, a quien un ejecutivo de Universal Pictures le dijo que se olvidara de ser actor porque hablaba muy despacio y su manzana de Adán sobresalía mucho.

Jimmy Durante, quien tenía una nariz que dejaría a cualquiera fuera de la industria del espectáculo. En lugar de permitir que eso lo detuviera, hizo que su nariz fuera su ventaja. Llamándose a sí mismo el "Schnoz", hacía burla de su nariz, y llegó a la cima.

Los Beatles, quienes a comienzos de su carrera fueron rechazados por Decca Records, diciendo: "no nos gusta su sonido". Cuando los Beatles se embarcaron hacia su primer tour en los Estados Unidos, el director de Capitol Records, que era el distribuidor de sus grabaciones en los Estados Unidos, dijo que, a su parecer, los discos de los Beatles no serían muy populares.

Elvis Presley, quien fue despedido después de una presentación en el Grad Ole Opry. El gerente del Opry, quien despidió a Presley, le sugirió que volviera a conducir camiones.

Pëter Ilich Tchaikovsky, quien sufría de una terrible autoconfianza. Sus maestros rara vez le daban el crédito que se merecía. Su primera sinfonía fue descrita como "inmadura". Los bailarines de ballet en la primera presentación de su *Lago de los cisnes* no estuvieron a la altura y el espectáculo tuvo muy malas opiniones. Él solía componer música que era muy difícil de ejecutar, por lo cual tenía una interpretación fallida y recibía malos comentarios. Sin embargo, él perseveró y, entre sus cuarentas y cincuentas, fue un compositor popular. Hoy es considerado uno de los grandes compositores del siglo XIX, si no el más grande de todos los tiempos.

Harry Truman, quien fracasó en los negocios y entró a la política, pasando a hacer parte de la máquina Pendergast en Missouri. Se dice que Franklin D. Roosevelt aceptó a Truman como su Vicepresidente en 1944 más porque Truman era inofensivo. Durante la campaña presidencial de 1948, todos *sabían* que Dewey iba a vencer a Truman. Sin embargo, Harry se rehusó a darse por vencido. En lugar de eso, les hizo padecer un infierno.

Brigadier General Billy Mitchell, quien creía que los aeroplanos iban a revolucionar la guerra. Pocos lo apoyaron, pero persistió. En 1921, tuvo una loca idea: quería usar aviones para hundir barcos de guerra. Muchos se unieron para decir que era imposible. El secretario de la marina dijo que Mitchell debía dejar la milicia y escribir novelas baratas. Franklin D. Roosevelt, exsecretario asistente de la marina, dijo que era "muy poco probable" que incluso una flota de aeroplanos pudiera hundir un barco de guerra. Newton Baker, el secretario de guerra, estaba tan seguro de la equivocación de Mitchell, que se ofreció como voluntario para estar a bordo del barco mientras Mitchell trataba de hundirlo. Por fortuna para

Baker, estuvo en otra parte, porque los bombarderos enviaron el buque de guerra a las habitaciones de Davy Jones. Muchas de las grandes batallas navales de la Segunda Guerra Mundial, incluyendo Pearl Harbor, no fueron libradas entre buques. Era avión contra navío, justo como Mitchell lo había visualizado.

Scientist Robert H. Goddard, a quien el *New York Times* acusó de no conocer las matemáticas de secundaria. Pocas personas tomaron en serio a Goddard y sus experimentos de cohetes. Refiriéndose a uno de sus planos los editores de *Scientific American* dijeron que ni siquiera valía la pena considerarlos. El cuerpo de la Fuerza aérea se rehusó a trabajar con él. Sin embargo, hoy Goddard es considerado el padre de la cohetería estadounidense. La nave espacial Apollo que llevó a nuestros astronautas a la Luna fue una descendiente de sus primeros cohetes.

Chester F. Carlson, cuya idea de ahorrar mucho del esfuerzo en las oficinas de todo el país fue rechazada por más de veinte altos ejecutivos en los años 1930 y 1940. Sus padres no eran adinerados, tuvo que abrirse paso para estudiar en la universidad, en medio de la gran depresión económica, pero Chester no renunció a su idea. Trabajando y estudiando en las noches, fracasó una y otra vez en perfeccionar su idea. También soportó continuos rechazos, vendiendo gran parte de sus futuras ganancias por tres mil dólares. Incluso pasaron muchos años antes que su invento, llamado xerografía, fuera llevado al mercado. Por cierto, su idea la terminó desarrollando y comercializando una empresa que luchaba por mantenerse en pie llamada Haloid, la cual cambió después su nombre a Xerox. La idea de Chester, desde luego, es lo que ahora conocemos como la máquina Xerox o fotocopiadora.

El lanzador de béisbol Cy Young, quien tiene el récord de más carreras perdidas (313). Mientras perdía todos esos juegos, también estableció el registro de más carreras *ganadas*: 511. El premio de mayor rango para los lanzadores del béisbol, el Premio Cy Young, se llama así por este perdedor que batió récords.

Hank Aaron, el triste poseedor del registro de las Ligas mayores de béisbol por tener más jugadas dobles. También tiene el registro de más cuadrangulares bateados (755).

Ty Cobb, el jugador de béisbol que por décadas mantuvo el récord de cada temporada por ser expulsado al tratar de robar una base. Por muchas décadas, él también ha tenido el récord de más bases robadas.

Los héroes anónimos, las muchas personas que triunfaron en el aprendizaje, los negocios y sus vidas personales porque no se dieron por vencidos. El propietario de una pequeña tienda que trabaja sesenta horas a la semana en medio de tiempos buenos y malos. El artista que lucha por años. Los estudiantes que estudian el doble que sus compañeros. Los pequeños niños que están decididos a dominar el béisbol o el ballet. Todas las personas que saben que el fracaso es solo otra señal en el camino hacia el éxito.

Tú, por persistir.

Rx: PERSISTENCIA

"Cuando nada parece servir, miro a un cortador de piedras que martilla su roca hasta cien veces sin ni siquiera ver una grieta en ella, pero que, en el golpe número 101, la parte en dos. Sé que no fue ese golpe el que lo logró, sino todos los que se habían dado antes".

—Jacob Riis

John, el hombre que fracasó en su recorrido hacia la cima, me dijo que "si quieres triunfar, debes ser persistente".

La persistencia es la capacidad de seguir haciendo la tarea sin importar cuánto tiempo requiera o cuán difícil sea. Los "fracasados" de nuestro Salón de la fama triunfaron porque no se dieron por vencidos, *no podían* darse por vencidos. Supongo que eso es lo que hace que las personas triunfen. *No pueden* darse por vencidas. Desean tanto algo, que no permitirán que nada se interponga en su camino.

La mayoría de los grandes hombres y mujeres que admiramos fueron persistentes. Querían algo y lo deseaban mucho. Ese deseo los llevó a la cima. ¿Qué es aquello que deseas tanto, al punto de no permitir que nada se impida lograrlo? ¿Amor? ¿Gozo? ¿Conocimiento? ¿Cierto empleo o determinados ingresos? ¿Ver que tu idea rinde frutos? ¿Un sueño hecho realidad? ¿Qué es aquello en lo que *no puedes* darte por vencido?

John tiene un ritual interesante que hace todos los días. "No siempre sé hacia dónde me dirijo", dice, "pero a donde sea que vaya, voy a persistir. Sea lo que haga, lo haré con persistencia".

Para recordarse a sí mismo que debe persistir, mientras está en su escritorio, hace una pelota de cinta adhesiva y la pega a sus dedos. Sacude su mano y mueve sus dedos, pero la cinta se mantiene adherida.

"A menudo, hago esto mientras planeo mis metas o mi próximo movimiento. La perseverancia es tan importante, incluso si no he comenzado todavía, incluso si no sé cuál es la meta, me mantiene adherido. Soy como la cinta. No me suelto".

Aprendamos una lección de John, un hombre que sabe cómo leer el fracaso y que "fracasó" en su recorrido hasta alcanzar el éxito, porque no sabía cómo renunciar. Es importante tener metas de largo y corto plazo, sí, pues debemos saber hacia dónde nos dirigimos. Con todo, es igual de importante *saber que vamos a llegar*, saber que una vez hayamos comenzado, no vamos a detenernos. Somos como la cinta, tenemos adherencia, persistencia.

Haz una pequeña pelota de cinta todos los días, pégala a tus dedos. Sacude tu mando, mira cómo la cinta se adhiere. Al hacerlo, di:

Voy por encima, por debajo, al rededor o a través,

Voy rápido o lento,

Voy con audacia o con cautela,

Voy solo o entre otros, llegaré a donde voy si tan solo sigo avanzando.

El azar no determina nuestro destino. Es cuestión de elección. La mayoría de personas que tienen éxito, ya sea en los negocios, los deportes, la educación o en sus vidas personales, lo hacen porque no aceptan un "no" por respuesta. He desarrollado una empresa farmacéutica y tres consultorios médicos desde ceros. No sé nada de negocios y he cometido más errores de los que me gustaría recordar. El secreto de *mí* éxito y, creo, el secreto de tu próximo triunfo es:

1. *El trabajo duro*

2. *Un buen producto o servicio*

3. *Persistencia*

Sabiendo esto, el presidente Calvin Coolidge, "el silencioso Cal", dijo que, aunque el mundo está lleno de personas educadas, inteligentes y talentosas que nunca llegan a ninguna parte, los salones del éxito están llenos de personas que no iban a, *no podían*, darse por vencidas.

Y recuerda, como el famoso cantante Eddie Cantor dijo: llegar a ser una estrella de la noche a la mañana puede tardar hasta veinte años.

La persistencia te llevará en medio de tu corta "noche".

CAPÍTULO OCHO

YO ORDENO

"La mente es su propio lugar y, en ese mismo, puede hacer un cielo de un infierno o un infierno de un cielo".

—John Milton

En 1961, era un consultor joven en Medicina interna y Cardiología. Mi especialidad era diagnosticar los casos difíciles. Mi sueño era convulsionar al mundo de la medicina con mis brillantes diagnósticos. Iba a ser el mejor. Iba a diagnosticar enfermedades que no hubiesen sido inventadas hasta ese momento.

Uno de mis sueños ya se había hecho realidad: tenía una hermosa y joven esposa, y cuatro hijos, el mayor tenía siete años. También tenía algunas cosas que no hacía parte de los sueños: un auto viejo, una nueva casa con una gran hipoteca, muchas facturas por pagar y pocos pacientes.

Sí, tenía grandes sueños. También tenía pocos recursos financieros para sustentar a mi familia y a mí. Grandes sueños, pocos recursos y muchas responsabilidades: todo esto es lo que da pie para la ansiedad.

Para darme a conocer entre otros médicos y ganar algo de dinero, iba en mi auto a todas partes. Atendía pacientes en cualquier momento y en cualquier parte. Una tarde, estaba emocionado por haber recibido dos llamadas, una para ver a un paciente de Long Beach y la otra para examinar a un paciente de Glendale. Long Beach estaba a unas treinta millas al sur de Los Ángeles y Glendale estaba al norte. Eran las cinco de la tarde. Aunque el tráfico en ese entonces no era tan difícil como lo es hoy, aun así, era una fuerza que había que calcular. La idea de conducir al sur hasta Long Beach y luego de vuelta a Glendale era una locura, pero yo quería el trabajo, ambos trabajos.

El tráfico estaba difícil cuando inicié mi recorrido hacia Long Beach. Parecía que todos los habitantes de Los Ángeles hubiesen salido a las calles ese día, todos estaban delante de mí, conduciendo lo más lento posible. Yo quería impresionar a los médicos de Long Beach, quería llegar a tiempo, tranquilo y confiado, y hacer un diagnóstico rápido, pero brillante, que salvaría la vida del paciente. Luego iría rápido a Glendale para tener un desempeño igual de bueno. Sin embargo, ¡tenía todos esos automóviles delante de mí!

Mientras conducía o, más bien, mientras me arrastraba, me decía una y otra vez que las cosas estaban mal e iban empeorando: "¡este maldito tráfico! No voy a llegar a tiempo, van a buscar a otra persona. ¿Por qué siempre me quedo atrapado en el tráfico? ¿Por qué vine a Los Ángeles? ¿Por qué no volví al sur de Filadelfia, donde no tienen este tráfico que me está arruinando la vida?

Poco después, pude sentir mi corazón golpeando con fuerza, y dolía. La parte frontal de mi cabeza palpitaba. Estaba sudando. Como era natural, mi auto no tenía aire acondicionado y su traqueteo parecía ir al ritmo de mi corazón, poniéndome más nervioso. Tenía agarrado con fuerza el timón. La parte superior de mi estómago comenzó a doler a medida que mi cabeza se inundaba de pensamientos que decían "nunca llegaré a tiempo". "Hasta aquí llegó mi carrera".

De repente, ya fue demasiado. Me detuve a un lado de la carretera. Mi corazón estaba acelerado. Sentía dolor en el pecho, estómago, cuello, brazos y espalda. Estaba jadeando, como si hubiese acabado de correr diez tramos de escalera hacia arriba. ¿Qué me estaba sucediendo?

De repente y de manera intuitiva, comprendí qué debía hacer. Comencé a hablarme a mí mismo en voz alta. "Arnie", dije, "tranquilízate. Respira más despacio. Relájate. Cálmate. Todo va a estar bien. Miremos si puedes bajar tu ritmo cardíaco. Tu vida, o carrera no depende de este único caso. Si no logras llegar, habrá otra persona".

Mi pulso estaba acelerado a 150 por minuto, demasiado rápido. Me hablé con calma, respiré lento y profundo, y le dije a mis músculos que se relajaran. Poco después, comencé a sentirme mejor. Mi ritmo cardíaco bajó a 100 y luego a 70 a medida que mi respiración era más lenta. Mi cuello, espalda y brazos se relajaron. El palpitar de mi pecho se desvaneció. Mi estómago dejó de sonar. Dejé de sudar.

"Vaya", me dije en voz alta, asombrado por lo que había ocurrido. "Me siento bien".

Justo en ese momento, un confundido policía en motocicleta metió su cabeza por la ventana abierta de mi auto y preguntó: "¿qué está haciendo?"

"Estoy hablando conmigo mismo", respondí.

"¿Está usted bien?"

Le expliqué lo que había sucedido, cómo al parecer "yo mismo me había enfermado" y luego me había curado con una "inyección" de conversación positiva conmigo mismo.

"¿Funciona?"

"Claro que funcionó", respondí.

"Muy bien doctor", dijo mientras se despedía con la mano. "Mi trabajo me causa muchos problemas, así que lo voy a intentar".

Mi charla positiva y de ánimo me sacó de un ataque de ansiedad. En ese entonces, no sabíamos mucho acerca del "estrés" o del pensamiento positivo, pero me maravilló lo fácil que fue estresarme yo mismo con lo que me decía, así como también aliviar el estrés con mi conversación. Me pregunté cuáles podrían ser los efectos a largo plazo (si los había) sobre mi corazón, estómago y otras partes de mi cuerpo. Decidido a evitar otro ataque de ansiedad, llamé al hospital de Long Beach. La enfermera me dijo que el paciente estaba descansando tranquilamente, no era necesario apresurarme para llegar. De hecho, me sugirió que me detuviera para cenar hasta que pasara la peor parte del tráfico.

Todavía tenía que hacer la consulta en Long Beach, pero conduje hacia el otro lado, pasé Los Ángeles hasta llegar al Hospital Glendale, y sabía que en el mejor de los casos llegaría a casa en las primeras horas de la madrugada. Sabía que podía manejarlo. Me sentía bien. Me sentía confiado. Sentía que iba a convulsionar al mundo de la medicina.

Los pensamientos positivos, aplicados de manera activa, fueron la cura para el estrés que produjeron los pensamientos negativos.

CUANDO LOS PENSAMIENTOS
SON "GÉRMENES"

Macbeth: *¿No sabes curar su alma, borrar de su memoria el dolor y de su cerebro las tenaces ideas que le agobian? ¿No tienes algún antídoto contra el veneno que hierve en su corazón?*

Médico: *Estos males solo puede curarlos el mismo enfermo.*

—Shakespeare

¿Qué había sucedido? ¿Todos mis síntomas eran psicológicos, estaban en mi cabeza? ¿Me "curé" a mí mismo engañándome? No. Mis pensamientos llenos de incertidumbre[16] produjeron en mi cuerpo cambios psicológicos y bioquímicos, claros y peligrosos. Mis síntomas desaparecieron en poco tiempo. Otros no son tan afortunados. Como médico, he visto a muchas personas sufrir de efectos perjudiciales por estrés y pensamientos negativos a largo plazo. Muchos estudios respaldan la relación entre los pensamientos negativos y el estrés físico. Friedman y sus compañeros de trabajo se concentraron en enfermedades tales como la enfermedad coronaria (CHD), la enfermedad de úlcera péptica (PUD), asma, artritis y dolores de cabeza. En su revisión de más de cien investigaciones[17], ellos notaron que la depresión, la hostilidad, la ira y la ansiedad tenían un efecto importante en el desarrollo de estas enfermedades, en especial la depresión.

Muchos trabajadores encuentran sus mentes llenas de incertidumbre y otros pensamientos negativos cuando están estresados por sobrecarga laboral crónica, conflictos de funciones y acoso laboral. Es bien sabido que, con el estrés constante (negatividad), hay una efusión de cortisona (los glucocorticoides de la glándula suprarrenal) que conduce a una disminución acelerada en la cantidad y habilidades de células importantes del sistema inmunológico, tales como monocitos, macrófagos y linfocitos (la "artillería pesada" de nuestro sistema inmunológico). El estrés constante, el cual viene acompañado de depresión, pesimismo, desesperanza e impotencia, obstruye la habilidad que tienen las "células devoradoras" (fagocitos) para "devorar" organismos invasores y las células cancerosas[18]. El estrés también reduce el número actual de las células[19] en todo el cuerpo. Las células grandes (macrófagos alveolares), que protegen los pulmones, se ven afectadas por el estrés[20].

Las personas negativas tienden a tener resfriados recurrentes, tos, bronquitis, infecciones pulmonares y otros problemas asociados con un sistema inmunológico debilitado. (Activada una y otra vez, la bronquitis puede conducir a síntomas similares al asma. Por consiguiente, la enfermedad crónica está estructuralmente presente como resultado de la negatividad). Piensa en la gran cantidad de prescripciones de medicinas que los médicos formulamos para tomar antibióticos, atomizadores, gotas y otros remedios.

De pies a cabeza, tu cuerpo está a la merced de tus pensamientos negativos. Esas son las malas noticias. Las buenas noticias son que, de pies a cabeza, tus pensamientos pueden ser una medicina sanadora.

Prescripciones por salud... o enfermedad

Conduciendo hacia Long Beach, mantuve ciertos pensamientos (negativos) que a mi parecer eran míos. Esos pensamientos eran míos, pero no necesariamente de mi elección, no del todo. Verás, estaba respondiendo a muchos mandatos que había acumulado en mi cabeza desde mi nacimiento. Un mandato es una orden, un decreto. Cuando nuestra maestra nos decía: "ustedes chicos deberían renunciar a la escuela y trabajar como recolectores de basura", ese era un mandato. Cuando se reían de mí por querer ser médico, ese era un mandato. Cuando describían con tan ricos detalles todas las razones por las que nunca lo iba a lograr, ese era un mandato. En mi caso, todos esos mandatos se reducían a lo mismo en gran medida: no lo vas a lograr. No puedes hacerlo. Eres un fracaso. Cuando caí víctima del ataque de ansiedad mientras conducía hacia Long Beach, no solo estaba respondiendo al hecho de que iba a llegar tarde. *Estaba reaccionando a décadas llenas de mandatos, miles de mensajes de "fracaso".* La posibilidad de llegar demasiado tarde para maravillar a los médicos de Long Beach creó en mi mente un desastre no mitigado, prueba de que era un absoluto fracaso. Estaba sufriendo un ataque de mandatos, una crisis de pensamiento que arremetió contra mi salud física.

Los mandatos son poderosos mensajes "escritos" en nuestras mentes. Todos las tenemos, no hay escape. Lo que pensamos hoy, lo que "escribimos" en nuestras mentes, siempre lo leemos a la luz de los mandatos de ayer. La manera como respondemos a los eventos de hoy, grandes o pequeños, tiene la poderosa influencia de nuestros mandatos. Lo que pensamos de nosotros mismos, la manera como tratamos a lo demás, se ve coloreado por las mismas. Nuestra respuesta a los demás no basa tanto en lo que dicen y hacen, sino en nuestros mandatos o "programación" previa. Si nuestros mandatos nos dicen que somos un fracaso, es muy probable que encontremos la manera de arrebatar la derrota de las garras de un éxito inminente.

Mientras conducía hacia Long Beach, respondía al tráfico con toda la fuerza de mis mandatos negativos. Sin embargo, los mandatos no tenían que ser negativos y dañinos. Sin problema, pueden ser pensamientos positivos que conducen a acciones positivas. Mis padres sonreían con orgullo cuando yo decía que iba a ser médico cuando creciera: ese era un mandato positivo. Mi abuelo decía que él y yo juntos nos íbamos a graduar de la escuela de medicina, eso también era un mandato positivo, uno que eliminaba muchas de las dificultades que hacen parte de la rutina del entrenamiento médico.

Nuestros pensamientos son prescripciones que escribimos para nosotros mismos. ¿Estás formulando salud y felicidad o enfermedad y estrés?

Las cinco virtudes

Nuestro mensaje en este libro puede reducirse a esta sencilla idea: *PPAP=Pensamientos positivos, acción positiva.* Si los mandatos se interponen en tu camino, reemplázalos con mandatos positivos que te volverán a la ruta de PPAP. Solo se necesitan de treinta a sesenta días para comenzar a cambiar nuestra mentalidad, alterar la manera como reaccionamos a los eventos. Cuando asumimos el control de nuestras respuestas, tenemos control sobre nuestras vidas.

Hemos hablado mucho acerca de pensamientos positivos y acciones positivas. Te hemos dado dos tipos de acción: acción "interna", para ayudar a construir confianza en ti mismo, y acción "externa", para lograr una meta. Las acciones "internas", con sus afirmaciones, son muy importantes para ayudarte a desarrollar confianza en tu capacidad de alcanzar tus metas. Las acciones "internas" también te ayudan a enterrar los mandatos negativos que se interponen en tu camino bajo montañas de mandatos positivos que te estimularán a grandes acciones "externas".

A mis pacientes, les digo que la mejor manera de superar la negatividad del pasado es adoptando lo que Barry y yo llamamos las cinco virtudes[21]. Siendo una sumatoria de todos los pensamientos positivos que se pueden tener, las cinco virtudes, en realidad, son mandatos positivos que te das a ti mismo. Estas son: *entusiasmo, confianza, amor, perdón y perseverancia.*

A mis pacientes, les digo que se den a sí mismos una transfusión espiritual de las cinco virtudes, cinco veces al día: antes de desayunar, antes de almorzar, a mitad de la tarde, antes de cenar y a la hora de dormir. Les doy instrucciones para que repitan los mandatos de las cinco virtudes, que las vean en sus mentes mientras las repiten y que las sientan con todo el corazón.

Para **entusiasmo**— *"Me siento muy entusiasta hoy, me comporto de manera entusiasta hacia todos los que conozco".*

Para **amor**— *"Siento un amor fuerte hacia mí mismo y por todos mis prójimos. Respeto y amo a todos, incluso a aquellas personas con quienes no estoy de acuerdo. Aunque rechazo el pecado, amo al pecador. Amo a Dios/mi poder superior. Respeto y amo a todos los que fueron antes de mí para hacer que mi vida fuera más fácil. Amo a quienes hacen que mi presente sea tan dulce".*

Para **confianza**— *"Creo firmemente que puedo conquistar lo inconquistable en mi marcha hacia la cima, manejando con facilidad cada ocasión agradable²² que pueda surgir".*

Para **perdón**— *"Con esto, me perdono a mí mismo por cualquier acto malo que pueda haber hecho, siendo cuidadoso de hacer una restitución completa. También perdono a todos por cualquier mal que me hayan causado. Al perdonarme a mí mismo y a otros, me libero para avanzar, hacer lo que quiero hacer, tener lo que quiero tener y ser la persona buena y compasiva que quiero ser. ¡Ahora soy libre!"*

Para **perseverancia**— *"Con 'perseverancia' como mi eslogan, perseveraré en todo lo que comience hasta finalizarlo. Haré todo el bien que puedo hacer. Trataré a todos con amabilidad porque es lo correcto".*

Los humanos hacemos en gran medida lo que nos dicen. Es decir, vemos los eventos de hoy y respondemos en gran medida basándonos en lo que se ha "programado" en nuestras cabezas desde nuestro nacimiento. Dado que el proceso nunca se detiene, nunca es demasiado tarde llenar tu cabeza con órdenes positivas que te estimularán hacia pensamientos y acciones positivos.

Solo imagina que puedes levantarte sintiéndote muy bien, bien despierto, con total entusiasmo, confianza, endorfinas y energías, en lugar de sentirte mareado, colgado, ansioso y negativo respecto a lo que surja en tu día. Imagina enfrentar una crisis estando confiado. Imagina poder hacer a un lado los resentimientos que has estado cargando por tantos años. Imagina poder hablar de corazón a corazón con tu cónyuge e hijos. Añade las cinco virtudes a tu lista de acciones "internas" diarias, haz que las virtudes y las acciones "internas" de este libro hagan parte de tu vida. Primero, se convertirán en tus pensamientos; luego, en tus palabras; en tus acciones; en tus hábitos; y, por último, en tu carácter. Todo es automático. Estos van a ser tus mandatos, tus mandatos *positivos*. En lugar de verlo todo a través del filtro de la negatividad, verás una vida iluminada de gozo y confianza al ir más allá del pensamiento positivo.

Nunca es demasiado tarde y este momento siempre será el mejor para comenzar.

Un mandato ganador

Muchos se dan a sí mismos mandatos ganadores, aunque es posible que no se den cuenta de lo que están haciendo. La otra noche[23], hubo un corto reportaje acerca de una joven mujer llamada Patty Shannenberg. Siendo niña, Patty se enamoró de los caballos y del deporte de salto en caballo. Alquilando caballos hasta obtener el suyo propio, aprendió sola a guiarlos por pistas llenas de obstáculos que los poderosos animales saltaban. Ella dijo que, desde el comienzo, supo que eso era lo que quería hacer y quería hacerlo bien.

Su sueño de ser una campeona de salto se convirtió en una pesadilla cuando su espalda quedó destrozada en un accidente mientras montaba en agosto de 1977. Desde entonces, ha estado en una silla de ruedas.

La notica mostraba a Patty en el gimnasio, levantando pesas en su silla de ruedas. Patty le dijo algo muy poderoso al periodista: explicó que el simple hecho de no poder hacer algo a la manera antigua no quiere decir que tienes que darte por vencido. "Siempre hay otra manera de hacerlo", dijo.

Patty tiene una nueva meta. Sueña con ser campeona de esquí, un sueño que parece imposible para una mujer confinada a una silla de ruedas. Pero recuerda, solo porque no puedas hacer algo de la manera como solías hacerlo no quiere decir que debes darte por vencido. Tras haber estudiado en la escuela Big Bear para esquiadores discapacitados, planea postularse para el equipo de discapacitados de los Estados Unidos. Ahí estaba en televisión, esquiando cuesta abajo en un dispositivo de esquí especial diseñado para personas con discapacidades. Ella encontró una nueva forma.

"Siempre hay otra manera de hacerlo". Ese es un mandato poderoso, una orden muy positiva que impulsó a Patty a acciones positivas. ¿Recuerdas al hombre del primer capítulo que podía hacer nueve mil cosas? Él y Patty están cortados con el mismo molde. Al final de la noticia, Patty dijo: "has nacido con diez mil cosas que puedes hacer". Incluso en una silla de ruedas, insistió, puedes hacer ocho o nueve mil cosas.

Pensamientos positivos, acción positiva.

EL PRESENTE NO ES EXCUSA

"Las personas que progresan en este mundo son quienes se levantan y buscan las circunstancias que quieren y, si no las encuentran, las crean".
—George Bernard Shaw

"Eso es muy bueno, muy inspirador", dijo un amigo cuando

le hablé de Patty. "Pero, si ella tenía su propio caballo, debía tener mucho dinero. Es fácil ser positivo cuando eres rico".

Habiendo sido rico y pobre, puedo decirte que no hay ninguna correlación entre el dinero y el positivismo. También puedo decirte que muchas personas vencen la pobreza con sus excelentes mandatos, con pensamiento positivo y acciones positivas.

La gran estrella del fútbol Pelé (cuyo nombre de nacimiento es Edson Arantes do Nascimento), quien lideró a Brasil en la consecución de la Copa Mundial de 1958, 1962 y 1970, nació en un pueblo pobre de Brasil. Siendo hijo de un zapatero, este niño sin escuela, que limpiaba botas, logró llegar a la cima. Haber tenido un comienzo pobre no fue un impedimento para Pelé.

Jessee Owens (James Cleveland Owens) recogía algodón en los campos a la edad de siete años junto a su padre que era un aparcero. Un niño pobre, que iba en un camino hacia ninguna parte, ganó cuatro medallas de oro en los olímpicos de 1936. Un día, en 1935, estableció tres récords mundiales y empató un cuarto, todo en un lapso de una hora. Uno de esos récords se mantuvo hasta 1975. La falta de oportunidades no detuvo a Jessee Owens.

Walter Reed, el hijo de un pobre predicador itinerante, salvó incontables vidas al descubrir la causa de la temible fiebre amarilla. El gobierno llamó el hospital Militar Walter Reed en honor a este hombre que se fijó un objetivo muy alto.

Eddie Rickenbacker, cuyo padre era trabajador de ferrocarril y murió cuando Eddie estaba en la escuela primaria, dejó la escuela a los trece años para empezar a trabajar. Le dijo a su jefe que tenía catorce años para poder obtener el empleo. Trabajaba doce horas al día, seis días a la semana, en una fábrica de vidrio. Luego, tomó otros empleos. Eddie llegó a ser mecánico de autos y, a la edad diecisiete, era el jefe de investigación en la empresa automotriz Frayer-Miller. Aunque Eddie no voló en avión sino hasta 1916, llegó a ser uno de los grandes ases del vuelo de los Estados Unidos poco tiempo después en la Primera Guerra Mundial. La falta de dinero y de padre no detuvieron a Eddie.

La única persona que ha ganado dos Óscares por una misma actuación en una película tuvo buenas razones para darse por vencida en la vida. **Harold Russell**, gerente del departamento de cárnicos en una tienda, sirvió como paracaidista voluntario durante la Segunda Guerra Mundial. Una granada de mano explotó mientras el sargento Russell la sostenía. Russell terminó en el Hospital Walter Reed donde se recuperó, pero perdió sus dos manos.

Equipado con extremidades artificiales y ganchos, Russell estaba en proceso de rehabilitación cuando un cirujano general le pidió que hiciera su propio papel en una película titulada *The Diary of a Sergeant*. Un director de Hollywood que vio el corto en una exhibición de guerra puso a Russell en una película que estaba haciendo. Llamada *Los mejores años de nuestra vida*, la película de 1946 acerca de tres soldados que volvían a la vida civil fue un gran éxito. La noche de los premios Óscar, Russell recibió un Óscar especial por dar "esperanza y valor a sus compañeros veteranos". Luego, sorprendió a las estrellas reunidas al ganar un segundo Óscar por mejor actor de reparto, superando a algunos de los mejores actores de la época. En su libro, *A Victory in My Hands*, que ha sido traducido a veinte idiomas, Russell indica que lo que cuenta no es lo que has perdido sino lo que has dejado". Ese es un poderoso mandato.

Robert Clary, el actor mejor conocido por su papel como "LeBeau" en la serie de televisión *"Hogan's Heroes"*, fue dado por muerto a temprana edad. Los nazis habían tomado a Clary cuando tenía dieciséis años y lo mandaron a Auschwitz, donde la única pregunta parecía ser si moriría rápido o lento, pero Clary sobrevivió. Su supervivencia se la atribuye al hecho de que, una vez a la semana, cuando tenía algo de tiempo libre de sus labores de esclavitud, entretenía a sus otros compañeros. "Eso es lo que me salvó", dijo. "Esa fue mi manera de olvidar dónde estaba".

Las acciones positivas sacaban de su mente la venenosa realidad, así fuera solo por un corto tiempo. Y, sin duda, su acción positiva salvó a muchos otros al ayudarles a sonreír, aunque fuera por un momento. ¿Cuál fue su instrucción para sí mismo? Que era posible hacer a un lado, incluso por un rato, el horrible hecho de que estaba en un campo de concentración. Se decía a sí mismo que era posible ser positivo en medio del desastre.

Los fuertes mandatos conducen a pensamiento positivos y a acciones positivas.

Ahora podemos ser...

Creo mucho en el futuro. En lo que a mí respecta, con PPAP todo siempre será mejor. Recuerdo muy bien uno de los poemas que leía en mi manual de los chicos exploradores en 1939, cuando tenía tan solo once años. Este poema era todo un mandato que me ayudó a superar muchas de las órdenes negativas que recibía de otros. Les recito este poema a los jóvenes que me dicen que nunca llegarán a ninguna parte. Lo escribo y les pido que lo memoricen. Se titula *El rincón*, escrito por Edgar Guest.

Ahora puede ser un oficinista,

un mensajero o un cajero

El hombre de menor cargo

entre los empleados que le dan trabajo

Pero, si trabaja con disposición

Y tiene una expresión alegre,

Está en el camino hacia el éxito,

ese chico está por ganar.

Nada puede detenerlo,

los dejará a todos atrás.

A los que tienen mejores salarios

que fruncen el ceño

y le dicen que es ciego

por trabajar más

y nunca evitarlo

A quienes, a las cinco en punto, dicen:

ya estoy cansado de este trabajo miserable.

Este chico, en poco tiempo, ya no será un oficinista.

Los empleados pronto lo verán.

Pues trabaja porque halla gozo en su tarea

y no solo por lo que le pagan.

Y otros también le ayudarán a ascender

a las alturas del gran éxito.

Con el tiempo, las riquezas y la fama serán suyas,

para aquel que trabaja con disposición.

Felicidad y salud mental

¿Qué de la felicidad y la paz mental, el gran tesoro que podemos tener? ¿Hay una relación entre los mandatos, el positivismo y la felicidad? De ser así, ¿podemos darnos la orden de ser felices?

Se han revelado muchos estudios en los que personas felices y positivas tienden a tener buena salud mental. Una característica de la buena salud mental es la capacidad de tener pensamientos positivos acerca de ti mismo, en lugar de quedarte con tus defectos[24]. Otra muestra de una buena salud mental es la capacidad de seguir avanzando hacia tus metas en la vida, a pesar de las interrupciones y los tropiezos que otros llaman fracaso. Una tercera señal es la capacidad de seguir adelante a pesar de lo que otros puedan decir de ti (es decir, no necesitas su aprobación o afirmación, eres alguien que empieza por sí mismo, sabes lo que quieres hacer y lo haces).

El positivismo y la felicidad son hilos separados tan entrelazados entre sí que, para fines prácticos, son una misma cosa.

La felicidad y el amor de otros

Las personas que se agradan a sí mismas no solo son más tendientes a tener mejor salud mental, sino que también están inclinadas a ver a otros con un concepto positivo y a acercarse a ellos. Carl Rogers[25] y otros han mostrado que el positivismo genera positivismo, y que las personas positivas son más aptas para ayudar a otros. Por otro lado, si miras con atención a quienes se burlan o menosprecian a otros, a menudo encontrarás personas que sufren de un gran sentido de inferioridad o terribles sentimientos de odio contra sí mismos.

El positivismo y la felicidad son los primeros pasos. El amor a otros es la consecuencia inevitable.

Felicidad y éxito

Pensar hace la mayoría de las cosas en la vida. No quiero decir que podemos convertir en oro un trozo de plomo con solo pensar, eso es cuestión de los alquimistas. Sin embargo, sí podemos convertir en diamantes nuestras actitudes de plomo con solo pensar en hacerlo. Nuestras actitudes se conforman a nuestros pensamientos. A medida que nuestros pensamientos cambian de malos a buenos, nuestra salud mejora, porque dejamos de cargar nuestro cuerpo con poderosas hormonas y otras sustancias producidas por la incertidumbre y otras cosas negativas.

Por ejemplo, algunos estudios han demostrado que los alcohólicos que eran más optimistas frente a la vida en general tenían mayores posibilidades de llegar ser abstemios después de un tratamiento que aquellos pesimistas que asumían el modo de pensamientos negativos, acciones negativas[26]. El solo optimismo, como mentalidad, ayuda a las personas a transformar sus vidas al eliminar el cruel capataz de la adicción. Terminar con una adicción no es algo fácil, para muchos es lo más difícil que han tenido que hacer.

Llegando a ser felices

La felicidad, la buena salud mental y el amor de los demás van juntos, pero, ¿cómo podemos llegar a ser felices? Por siglos, los filósofos han debatido el significado de la felicidad, mientras que los psicólogos han discutido por décadas sobre los métodos. Estoy de acuerdo con el Presidente Lincoln, quien, siendo joven, sufrió de depresiones. Lincoln indicó que "una persona es tan feliz como decide serlo en su mente".

Los pensamientos positivos son el precursor de la felicidad, y la felicidad nos pone rumbo a una fuerte salud mental, amor y éxito. ¿De dónde viene la felicidad? De tu interior, de nuestros pensamientos, de las cinco virtudes y otros mandatos positivos que ponemos en nuestras mentes, de nuestro fuerte deseo de ser felices.

Rx: YO ORDENO

Tuve un paciente, un hombre ejecutivo llamado Theodore, a quien le gustaba dar órdenes. "Durante todo el día, escribo memos dando órdenes", explicó. "a quien más me gusta darle órdenes es a mí mismo".

¿Qué órdenes se daba a sí mismo? "En esencia, me doy la orden de ser feliz". Theodore cargaba un memo que se había escrito para sí mismo, el cual decía algo como esto: "tu trabajo hoy es recordar ser un buen hombre, ser amable con tu familia y tus empleados y merecer la felicidad. Sigue estas instrucciones al pie de la letra".

Pretendamos todos que somos ejecutivos que escriben memos y démonos una orden. Toma papel y lápiz, escribe tu orden, el mandato positivo que quieres que sea tu faro.

¿Qué debes ordenarte a ti mismo? Sé feliz, sé positivo, piensa siempre lo mejor de ti y de los demás. Hay muchas variaciones de esto. El siguiente es un ejemplo basado en el memo que escribí para mí mismo: "tu trabajo hoy es ser feliz, porque hay mucho para ser feliz".

La mía es una orden sencilla, pero efectiva. Este memo, este mandato, ayuda a contrarrestar otros mandatos más viejos y negativos. Todos los días leo mis órdenes y siempre sé qué es lo que debo hacer.

Tengo otro "memo", una lista de acciones "externas" prácticas que puedo hacer todos los días. No estoy seguro de dónde obtuve esta lista o quién me la dio, pero la sigo de la mejor manera posible. Todos los días busco una oportunidad para:

1. Resolver una discusión

2. Cumplir una promesa

3. Olvidar un viejo resentimiento

4. Defender lo que creo correcto

5. Agradecerle a alguien

6. Hacerle un cumplido a alguien

7. Animar a alguien

8. Decirle a alguien que lo amo

9. Mantener el contacto con un viejo amigo

10. Sustituir con confianza una sospecha que pueda haber tenido

11. Cantar una canción animada

12. Tomar un minuto para pensar en lo afortunado que soy

13. Soñar un gran sueño

Conviértete en tu propio jefe. Dite a ti mismo exactamente qué quieres *ser* (una persona positiva) y *cómo* quieres ser (gozoso). Sigue escuchándote a ti mismo. Junta tus pensamientos positivos con acciones positivas. En poco tiempo, verás un cambio.

Un mandato que da vida

En nuestro último libro[27], relatamos la historia de un amigo llamado Doc Wiley que conocía todo acerca del poder de los pensamientos y los mandatos. Él sabía cómo unir los pensamientos positivos con acciones positivas. La historia se repite.

Doc era un joven mensajero de Western Union, no era nadie especial. Con todo, creía que su propósito en la vida era entregar a cada persona un poco de gozo y optimismo. Sus bolsillos estaban llenos de pequeños trozos de papel, en los que tenía escritas frases, palabras como "¡hoy es un gran día!", "¡mantén tu frente en alto!" y "¡empaca tus problemas!" Cada vez que entregaba un mensaje, sacaba de su bolsillo y le daba a la persona una de sus frases. Para Doc, cada día era un gran día, otra oportunidad de repartir gozo.

Cuando la Segunda Guerra Mundial estalló, Doc trató de enlistarse, pero le dijeron que se marchara, era demasiado viejo para estar en el ejército. Así que se ofreció como voluntario para trabajar en un hospital. Y sí que trabajó, llevaba orinales de un lado a otro, llevaba a soldados en sillas de ruedas por los corredores, hacía todo lo que podía. Las horas eran largas y el trabajo duro, pero a Doc no le molestaba. Estaba sirviendo a su país.

Sin embargo, a Doc le dolía siempre que debía sacar a otro soldado de la cama, ponerlo en una camilla para llevarlo hasta el final del pasillo. Él quería llorar cada vez que llevaba a otro soldado muerto. Doc no quería más soldados muertos, pero, ¿qué podía hacer? No era médico, no tenía habilidades especiales, no tenía conocimiento ni entrenamiento, no tenía nada, solo era un repartidor, alguien que ahora repartía cuerpos como antes repartía mensajes.

¡Eso era! ¡Los mensajes! Eso es lo que Doc Wiley hacía mejor y eso era lo que podía hacer por los soldados. Decidió trabajar con sus fortalezas.

A la mañana siguiente, cuando los soldados de la sala de Doc se levantaron, vieron un mensaje pintado en la pared. En letras grandes decía: "NADIE MUERE EN ESTA SALA". Seis cortas palabras: "nadie muere en esta sala". Cuando los administradores del hospital se enteraron, se enojaron mucho, querían despedir a Doc. Pero los médicos y las enfermeras dijeron: "esperen un momento, no lo despidan. Aunque suena extraño, todos los soldados enfermos y heridos se están sentando en sus camas. Ellos se rieron del letrero y están haciendo apuestas de quién va a vivir más. Se ven mejor. ¡Déjenlo!"

"NADIE MUERE EN ESTA SALA". Esas seis palabras permanecieron. ¿Sabes qué? Nadie murió. Esas palabras tenían magia. A cada soldado nuevo que llegaba a esa sala, se le hacía entender que no podía morir. No *podían*, de lo contrario, romperían el hechizo mágico.

Lo que comenzó como un chiste para la mayoría de personas, llegó a ser serio hasta la muerte. Todos sabían que debían creer, debían tomar esas palabras y hacerlas realidad. Y así fue. La tasa de mortalidad en esa sala cayó en picada. Los soldados llegaban con los mismos problemas que antes, pero seguían con vida.

No era nada. Eran palabras, era pintura en una pared... lo era todo. *Era una idea*, una que todos los hombres heridos y enfermos de esa sala tomaron a pecho. Los médicos y las enfermeras también lo tomaron a pecho. Sus actitudes respecto a los pacientes cambiaron, mejoraron. Con todos creyendo que lo mejor iba a suceder, lo mejor estaba más que asegurado. El pensamiento estaba escrito en todas sus mentes y espíritus. La semilla había sido sembrada y ahora estaba prosperando.

Alguien moría de vez en cuando. Las palabras de Doc, su gran idea, no podían salvar las vidas de todos los soldados. Aun así, sus palabras eran magia, porque los soldados nunca murieron a la misma tasa que antes. Protegidos con la gran estrategia de Doc, su mandato, en su sala siempre hubo soldados más saludables.

Eran solo palabras, pero eran exactamente lo que necesitaban.

Justo lo que *todos* necesitamos.

CAPÍTULO NUEVE

EN ESE MOMENTO...

"Tiempo de llorar y tiempo de reír,
tiempo de quejarse y tiempo de bailar".
—Eclesiastés 3:4

Nota: *aunque algunas de las historias de casos relatadas en este libro me incluían a mí mismo, unas a Barry y otras a ambos, por conveniencia las presentamos todas a través de mi voz. Sin embargo, el siguiente episodio será relatado en la persona de Barry, porque él era el amigo de Marty.*

Anoche vi las noticias. Estaba la usual letanía de desastres, el avión accidentado en Idaho, la actriz asesinada en su apartamento, el beisbolista que se suicidó. También hubo una nota sobre un actor de 28 años que fue asesinado la noche anterior, un espectador inocente que resultó ser víctima del crimen.

Al parecer, dos ladrones armados habían robado un auto. La policía los persiguió y, poco después, se emprendió una persecución por las calles a setenta millas por hora. Los ladrones pasaron una luz roja y golpearon dos autos. El primero quedó destrozado, pero el conductor quedó ileso. El segundo auto dio vueltas una y otra vez, terminando al revés; su conductor falleció. El presentador de noticias dijo que los ladrones, que habían sido capturados, estaban recibiendo cargos de homicidio. Luego mostraron la fotografía del joven que había muerto. Era un hombre apuesto, con una delgada barba en su mentón, una sonrisa al estilo "Peter Pan" (como diciendo, nunca voy a crecer) que iluminaba su rostro y un brillo en sus ojos.

Era la misma clase de noticia que habíamos visto muchas veces, otra historia sobre la víctima de un crimen. Sin embargo, esta vez fue diferente, *muy* diferente para mí. El hombre muerto era mi amigo Marty. Estaba sentado a la mesa de la cocina de sus padres cuando vi el informe de su muerte, la misma mesa en la que había estado con Marty hablando de chicas, películas y otras cosas de chicos. Conmigo estaban los hermanos de Marty, su primo y otras personas que conocía, bueno, parecía como si los hubiese conocido desde siempre.

Conocí a Marty y su familia cuando él tenía unos cinco años de edad. Era un chico amigable con ojos que parecían sonreírte, darte la bienvenida. Yo tenía nueve años y él tan solo cinco. El hermano mayor de Marty y yo pasamos ese día jugando con nuestras pistolas de agua, tratando de ignorar el pequeño chorro que también quería alcanzarnos.

Tengo una fotografía de la fiesta de mi cumpleaños número trece. Muestra a mis hermanos y amigos en fila, ordenados por estatura a mi lado. Marty está al extremo de la fila, con nueve años, pero todavía siendo el más pequeño y mirando casi como si todavía tuviera cinco.

Vi a Marty crecer con el paso de los años, en fiestas, bodas, vacaciones, funerales y otras ocasiones que reunían a las familias y los amigos. Siempre pensé que los ojos de Marty eran muy expresivos. Dicen que los ojos de una persona guardan el secreto de su alma, que si quieres conocer a alguien debes mirarlo atentamente a los ojos. Los ojos de Marty sonreían mucho, te daban la bienvenida, reían contigo. Siempre esperaba ver sus ojos sonriendo.

Por un tiempo, perdimos contacto, Marty y yo, cuando salí a la universidad y a la escuela de posgrado. Cuando volví a Los Ángeles, me encontré con él en el gimnasio. Había crecido, casi no lo reconozco. Pero los ojos, esos amigables ojos, me dijeron que era él. Comenzamos a ejercitarnos juntos. Al comienzo, yo podía levantar más peso que él, pero él era diligente y, en poco tiempo, me dejó avergonzado. Sus ojos siempre eran muy serios cuando hacía ejercicio. Hacíamos ejercicio y luego salíamos a almorzar. Pudimos hablar de su sueño de llegar a ser un gran actor y el mío de ser un gran escritor. Él me hablaba de sus clases y audiciones. Yo hablaba de historias en las que estaba trabajando. Él me animaba. Yo lo animaba a él. Era una de las pocas personas que tomaba en serio mis sueños.

Después tomamos karate, aunque estudiábamos diferentes estilos en escuelas diferentes. Nos encontrábamos para practicar. Yo le mostraba cómo me habían enseñado a patear. Él me explicaba con seriedad que ese tipo de patada no funcionaba, y yo pateaba de la manera que le habían enseñado a él. Luego, él me mostraba algo que había aprendido. Yo le decía que estaba mal, debía hacerlo de la manera que me habían enseñado a mí. Discutíamos hasta que llegaba la hora de comer y de hablar de chicas, actuación y escritura.

Las lesiones me forzaron a abandonar el karate y dejar de levantar pesas. Me mudé al norte de California donde vivía en la cima de una montaña, rodeado de secoyas, y escribía mi obra maestra. Marty permaneció en Los Ángeles, tomando clases de actuación y haciendo audiciones para partes, tratando de "triunfar" en el negocio del espectáculo. De vez en cuando, hacía algunos papeles pequeños, esto y aquello.

Cuando volví a Los Ángeles, Marty estaba muy involucrado en la actuación, así como en el karate. Había llegado a cinturón marrón, estaba a un paso de ser cinturón negro. Yo estaba muy ocupado con mi trabajo y, por algún motivo u otro, perdimos la intimidad que habíamos tenido en otro tiempo. Nosotros seguíamos siendo amigos, todavía nos encontrábamos en fiestas, bodas, vacaciones y funerales. Él todavía tenía esos ojos sonrientes y amigables. Todavía tenía los chistes y seguía siendo amigo de todos.

No había visto a Marty por varios meses, no desde la boda de su hermano. Cuando mi madre me llamó, muy temprano ayer en la mañana para decirme que Marty había muerto, no quería aceptarlo. Volví a la cama. Sabía que debía llamar a sus padres, su hermano, sus primos, las personas que había conocido por tanto tiempo, pero no pude.

Todo el día estuve enojado. Enojado por la muerte de mi amigo. Enfadado porque sabía que los criminales que habían causado su muerte no sentían remordimiento. Enfadado porque sabía que en la corte se iban a parar con su abogado y dirían que no era culpa de ellos que Marty estuviera muerto. Iban a culpar a la policía por perseguirlos tan rápido. Culparían al auto que robaron, diciendo que los frenos no estaban bien. Culparían a la ciudad, porque había un bache en la calle. Iban a culpar a cualquiera, diciendo cualquier cosa para librarse. Marty no les importaba en lo absoluto.

Vimos el reporte de la muerte de Marty, sus hermanos, su primo los otros y yo. Vimos su auto al revés. Lo vimos tendido al lado del mismo con una sábana sobre su cabeza. Vimos su fotografía en la pantalla de televisión. Vimos esos ojos sonrientes.

Nos sentamos un largo rato en la mesa de la cocina, hablando de los buenos tiempos que pasamos con Marty, las cosas que hicimos juntos. Les dije algunas cosas que no sabían de él, ellos me dijeron cosas que yo no sabía. Cuando salí, ya no estaba enojado. Solo estaba triste.

El funeral de Marty es mañana. Lloraremos y después iremos a casa de sus padres. Hablaremos un poco más acerca de él y nos sentiremos un poco mejor. Miraremos sus fotos por toda la casa, las fotos del pequeño que quería jugar con nosotros los niños grandes, las fotografías del joven en el escenario y las imágenes de él en fiestas, bodas, vacaciones y funerales a los que todos asistimos. Miraré sus brillantes ojos, ahora apagados para siempre, y me preguntaré cuánta luz se habrá ido de mis propios ojos.

En este momento...

Esa no fue la primera muerte que Barry haya experimentado, ni fue la primera en la que perdió a un amigo. Hace doce años, ¿ha pasado tanto tiempo? mi hija menor, la hermana de Barry, murió de manera muy triste. Menos de un año antes, mi madre había fallecido. Desde entonces, más personas también han partido, niños con los que jugué en las calles, chicos con quienes gané insignias al mérito, padres con los que crié hijos, abuelos con quienes intercambié fotografías. Algunos que me agradaban. Algunos que amé. Algunos que no recuerdo muy bien. Algunos que recuerdo con perfección fotográfica después de cuarenta o cincuenta años. Cada muerte duplicaba la oscuridad, porque la luz en mis ojos se desvanecía con la muerte de la luz en los de ellos.

En diciembre de 1990, cuando Barry y yo acabábamos de terminar el primer borrador del primer capítulo de este libro, se lo mostré a mi buen amigo Stan. Stan es el padre de Marty. Stan se ofreció a leerlo y hacer sus comentarios, así que se lo di. Tres días después, recibí una corta nota de Stan que, en una parte, decía lo siguiente:

Arn,

Estoy devolviendo el primer capítulo de tu manuscrito, pero encuentro difícil hacer alguna observación coherente. En esta ocasión, no soy la persona adecuada para dar comentarios objetivos.

A pesar de las apariencias y los placenteros tiempos que pasamos juntos, no puedo relacionarme con nada "positivo" mientras pienso en nuestra pérdida, incluso es difícil leer material como este. Es como pedirle a alguien mutilado que opine sobre la calidad de unos zapatos nuevos.

Sabía muy bien cómo se sentía Stan. En un triste año de mi vida, había perdido a mi madre, mi hija y a un buen amigo, un hombre que había sido maestro de todos mis hijos. Mi pensamiento positivo parecía burlarse de mí en ese entonces, parecía reírse diciendo "¡sonríe! El sol siempre está brillando", incluso al ver sus tumbas llenándose de tierra.

En especial, tras la muerte de mi hija, el pensamiento positivo parecía ser el peor de los engaños. Durante esos días, en lo único que podía pensar era a quién culpar. En cierto modo, atacar era reconfortante, pero mirar hacia adentro era aterrador de muchas maneras.

En esos días, estuve muy desanimado. Lo único que podía hacer era mirar lo que había perdido. Pasó una buena cantidad de tiempo para que pudiera seguir mis propios consejos y mirar lo maravilloso, la familia y amigos que todavía tenía. Durante ese tiempo estuve enojado y amargado. Me tomó tiempo entender que esos duros sentimientos no solo me iban a enfermar o deprimir, sino que también podían envenenar las buenas relaciones que tenía.

Pareciera que durante tiempos como esos tenemos poco control sobre nuestros pensamientos e incluso menos deseos de controlar lo que sí podemos controlar. También hay otros momentos en los que el pensamiento positivo está lejos de nuestras mentes. He visto tiempos como estos muchas veces, he presenciado familias enteras rodeando una cama, esperando la muerte con tristeza.

¿Para qué sirven los pensamientos positivos cuando hemos perdido a un ser querido? Sus pensamientos positivos no los salvaron. Nuestros pensamientos positivos no los mantuvieron con vida y tampoco los pueden traer de vuelta. No te voy a decir que debes tener pensamientos positivos incluso al enterrar a un ser querido. No te voy a decir que, si pones tu mente en ello, puedes elegir tus pensamientos sin importar cuán difícil sea la situación. No te diré eso, porque yo no pude hacerlo. Pero sí te diré que, durante periodos de dificultad, el tiempo es la mejor medicina. Hablando como alguien que ha perdido seres queridos y no como médico, puedo decirte que, si bien la pena nunca se entierra por completo, el tiempo suaviza sus asperezas.

En esos tiempos, cuando la luz en tus ojos se nubla, deja que tu ser querido que ha muerto brille en tu corazón con la luz de mil soles.

En momentos como esos, cuando los pensamientos positivos son como zapatos para el que no tiene piernas, recuerda que nunca caminaremos sin nuestros seres queridos, porque ellos viven en nuestros corazones.

En esos momentos cuando las penas detienen el tiempo, ten presente que el paso del mismo aliviará el aguijón de la tristeza, quizás de manera lenta, pero sin duda que lo hará.

El germen llamado tristeza

¿Por qué deberíamos abrirnos a pensamientos positivos en los momentos de dolor?

Recuerdo que, cuando era niño, escuchaba a los "mayores" hablar entre ellos diciendo que tal persona ya debía animarse, que ya había llorado lo suficiente. Si no supera su dolor, decían, se va a enfermar. En ese entonces, en los años 1930 y 1940, antes de que la medicina hubiese alcanzado tal modernidad y ciencia, se creía que tú mismo podías "enfermarte" de pena. Los médicos, en especial los de más experiencia, creían lo mismo. Tiempo después, en la escuela de medicina, aprendí que no hay ninguna bacteria llamada "tristeza", así que la tristeza no te puede enfermar. Por fortuna, la ciencia médica ha avanzado lo suficiente para comenzar a decirnos lo que nuestros abuelos sabían muy bien: *la tristeza nos puede enfermar*. La tristeza como tal no nos enferma. Más bien, la tristeza, la soledad, la culpabilidad y otros pensamientos infelices asociados con la pérdida de un ser querido pueden hacernos más vulnerables a la enfermedad al debilitar nuestro sistema inmunológico.

Al igual que cualquier padre, yo hubiera dado mi vida para salvar la de mi hija. Ahora que ha partido, no sirve de nada dejar que la tristeza pase de una fase natural y se convierta en una terrible bacteria. De hecho, sucumbir ante el dolor sería contraproducente, porque, si muero ahora, ella volvería a morir, ella, la que vive tiernamente en mi memoria. En tu momento de dolor, vive por tu bien y por el de los demás.

Celebración de la vida

En esos tiempos de dolor, mientras esperamos que la vida se aleje de un ser querido o mientras nosotros mismos nos preparamos para dar nuestro último aliento, ¿por qué deberíamos abrirnos a pensamientos positivos?

Hace miles de años, Moisés sacó a los hijos de Israel de la esclavitud. Hoy, el pueblo judío conmemora el Éxodo durante la fiesta de la Pascua. Los ocho días de celebración comienzan con una reunión familiar para el Séder de Pésaj, en la que los niños más pequeños que estén presentes hacen las cuatro preguntas. En respuesta, los padres relatan la historia de la liberación de un pueblo. Es una fiesta llena de gozo y simbolismo, y todos tienen los ojos puestos en el padre de familia.

Hoy sabemos que esta gozosa celebración, de hecho, puede mantener vivos a hombres judíos por un tiempo. En 1988, dos investigadores hicieron seguimiento a la tasa de mortalidad de hombres judíos a lo largo del año. Ellos encontraron que la tasa de mortalidad caía de manera significativa por debajo de lo esperado justo antes de la Pascua. Después de las festividades, era notorio el crecimiento de la tasa de mortalidad, superando la expectativa. El aumento después de la Pascua era proporcional a la caída antes de la fiesta. En otras palabras, la tasa de mortalidad para hombres judíos sigue su curso normal durante la mayor parte del año, disminuye de manera significativa justo antes de la Pascua, se eleva justo después y luego vuelve a estabilizarse.

Los investigadores estudiaron la Pascua porque era de interés para el pueblo judío, en especial los hombres judíos. La Pascua es una ocasión de gozo, una celebración familiar que destaca al padre. Las semanas previas a la festividad están llenas de expectativa y preparación. Al tener algo que esperar, algo por lo cual estar emocionados, algo para vivir, algunos hombres judíos vivían más de lo que "deberían", el tiempo suficiente para celebrar la fiesta. Por comparación, no había una fluctuación importante en la tasa de mortalidad en los grupos de control no judíos.

La Pascua también fue elegida, porque cada año cae en una época un tanto diferente. El hecho de que la fiesta se mueva en el calendario hace posible separar los posibles efectos benéficos de la Pascua, de los incrementos y reducciones mensuales regulares en la tasa de mortalidad.

En 1990, los resultados de un estudio similar fueron publicados en el *Journal of the American Medical Association*. En esta ocasión, los investigadores examinaron la tasa de mortalidad para mujeres chinas ancianas antes y después del Festival de la luna de la cosecha. Las familias chinas son centradas en el hombre, pero el Festival de la luna de la cosecha hace un énfasis ceremonial en las mujeres ancianas. Al igual que la Pascua, este festival no tiene una fecha fija en el calendario, lo cual permite que los investigadores separen los efectos de la fiesta, de los incrementos y descensos mensuales en la tasa de mortalidad.

¿Los resultados? La tasa de mortalidad para ancianas chinas caía por debajo de lo esperado justo antes de la fiesta, justo después de la misma aumentaba y luego volvía a la normalidad. El incremento posterior era apenas equivalente a la disminución presente justo antes de la fiesta. Este estudio, usando una fiesta diferente, una época del año diferente, un sexo diferente y un grupo genético diferente, confirmó los primeros hallazgos: *si tenemos algo que esperar, algo en lo que ponemos gran valor, algo que nos da valor a nosotros, podemos retrasar nuestra muerte.* Sin duda, algunas evidencias preliminares sugieren que esperar un cumpleaños u otro evento de gran importancia personal puede posponer la muerte.

Bailaré en su boda

En un tono más personal, Eleanor, una mujer que mi esposa, Hannah, y yo hemos conocido desde nuestra adolescencia, fue afectada con un cáncer fatal. Tuvo que ser hospitalizada en varias ocasiones y siempre le decía a mi esposa que quería vivir lo suficiente para poder bailar en la boda de nuestra hija Bárbara. El cáncer se fortalecía a cada día. Y también se fortalecía la determinación de Eleanor de vivir para bailar en la boda de nuestra hija. El que una vez fuera el cuerpo amplio de Eleanor se fue encogiendo a medida que la enfermedad y la "cura" cobraban su cuota. Ella perdió su cabello, aparecieron úlceras en su piel. Con todo, en aquel feliz día, Eleanor bailó en la boda de nuestra hija. Era obvio que estaba enferma, su maquillaje y peluca no pudieron esconder la enfermedad, pero ahí estaba, vestida por completo, bailando en la boda.

El dolor puede debilitar nuestro sistema inmunológico, mientras que la expectativa de gozo puede mantenernos vivos a algunos de nosotros por un poco más de tiempo. Estas son dos buenas razones para abrirnos a pensamientos positivos, incluso en momentos de dolor. No se trata de alimentarnos a la fuerza ni pretender que tenemos gozo que no está presente, tampoco darle la espalda a un proceso natural de dolor, se trata de abrirnos nosotros mismos a pensamientos positivos. En ese momento de pena, mantén abiertos los canales.

Los momentos más tristes, los momentos más felices

En esos tiempos de dolor, mientras esperamos que la vida se aleje de un ser querido o mientras nosotros mismos nos preparamos para dar nuestro último aliento, ¿por qué deberíamos abrirnos a pensamientos positivos?

Hace años, cuando mis hijos eran jóvenes, fui llamado en varias ocasiones a ver a un hombre anciano en su pequeña y desgastada casa en Los Ángeles. Aunque sufría de falla renal y otros problemas, aunque estaba débil y por lo general con dolor, era un hombre gozoso. La familia se concentraba en lo positivo, a pesar de no saber cómo iban a pagar el alquiler del próximo mes y a pesar de que sabían que su padre/abuelo estaba muriendo. No quiero decir que no estaban tristes o que no lo amaban, sino que, a pesar de esas condiciones difíciles, se concentraban lo que más podían en lo positivo.

He ido muchas veces a casas donde hay personas muriendo. Siempre guardan silencio y tienen una actitud sombría, hay un ambiente pesado que casi puedes palpar. Pero esta casa era ruidosa, los niños pequeños entraban y salía corriendo, incluso jugaban en la habitación donde el anciano permanecía sentado en una incómoda silla.

No pregunté, pero una de las mujeres presentes me dijo que a "papá" le encantaba ver a sus hijos jugar. "Él vino a este país para que sus hijos y nietos pudieran tener una mejor vida", dijo ella. "Nada puede mejorar sus últimos días que dejarle ver a sus nietos libres, felices y jugando". Su padre estaba de acuerdo: "estoy muriendo, así que puedo morir sonriendo, mirando a los niños jugar".

En ese entonces, nadie sabía acerca de la psiconeuroinmunología, la conexión entre la mente y el cuerpo. Apenas sabíamos algo acerca del sistema inmunológico. Sin embargo, era claro que, si el gozo no prolongaba los días de este hombre, sin duda aliviaba y alegraba los que le quedaban. En ese momento de dolor, ayuda a que los últimos días de tu ser querido sean los mejores posibles.

Los pensamientos positivos no son una panacea, no son la cura para todos los males. Como todas las medicinas, los pensamientos positivos tienen sus limitaciones. Con todo, los pensamientos positivos para los que están en sufrimiento no son como zapatos para el que no tiene piernas. Más bien, para el que está sufriendo, son como los zapatos para el que está cansado. Algún día, no ahora, pero algún día, nos pondremos los zapatos y comenzaremos a caminar de nuevo.

Rx: EN ESE MOMENTO...

La luz siempre brilla en la oscuridad, así la oscuridad traiga la pérdida de un ser querido. En ese momento, cuando atacar parece más confortante que mirar hacia adentro, cuando sentimos que la terrible oscuridad en los ojos de quien ha fallecido quita la luz de los nuestros, levantemos nuestra mirada hacia la luz. No podemos obligar a nuestros ojos para que brillen con el gozo que no sentimos, pero podemos mirar a la luz. Siempre podemos mirar hacia la luz, así se vea lejana.

Enciende tu vela. Sostén tus manos a los lados de la llama, a la suficiente distancia como para sentir un poco del calor (pero no demasiado cerca). Observa que las palmas de tus manos, al estar frente a la llama, están iluminadas por la luz. Es como si sostuvieras la luz de la confianza en tus manos. Mira tus manos llenas de luz y di lo siguiente:

En ese momento...
Cuando la tristeza parece cerrar mi alma,
Cuando el dolor estrangula con rapidez mi gozo,
Cuando la oscuridad a diario duplica su poder,
En ese momento...
Cuando los ojos de mi corazón ven oscuridad,
Cuando los oídos de mi alma escuchan dolor,
Cuando la lengua de mi espíritu prueba amargura,
En ese momento...
Abro mis oídos a los sonidos del gozo.
Extiendo mis brazos al gozo del amor.
Volteo mi mirada al amor de la luz.

Preparo mi corazón para la luz del amor.

En ese momento, *sosteniendo esta luz de amor en mi mano, miro al futuro, brillante e iluminado por la luz del amor que ha pasado.*

Trae gozo a los vivos

¿Qué podemos hacer en esos momentos cuando nos preguntamos qué es el gozo y dudamos de si alguna vez podremos volver a tenerlo? ¿Qué podemos hacer, en especial cuando nuestro dolor se mezcla con temor y culpabilidad?

En uno de nuestros libros anteriores, Barry y yo escribimos acerca de un viaje que hice al cementerio para visitar las tumbas de mis padres, mi hija, Eleanor y otro querido amigo:

"Como de costumbre, estacioné mi auto al fondo de la colina y caminé hacia la cima, visitando cada tumba, recordando a las personas que habían fallecido y el gozo que habían traído al mundo, el gozo que habían traído a mi vida.

Por lo general, dejo el cementerio sintiéndome animado, no decaído, gracias a que veo que la muerte de esas personas que tanto significaron para mí se ve más que compensada por los recuerdos de amor y buenos momentos que compartimos. Ese día, sin embargo, caminé hacia el auto sintiéndome muy mal.

No quería alejarme sintiéndome así, así que me senté en el auto y pensé en todos los buenos momentos que había compartido con cada uno de ellos. Pensar en lo bueno es una excelente manera de sacar lo malo de tu mente, pero ese día no funcionó. Por alguna razón, no podía eliminar la melancolía.

Me rehusaba a partir sintiéndome infeliz, así que compré un paquete para pulir latón en la tienda del cementerio y caminé penosamente de vuelta hacia la cima de la colina. Una por una, pulí las lápidas de las tumbas, pensando otra vez en los buenos momentos que había pasado con los que habían muerto.

Ahora, sentía que había hecho algo positivo por mis seres queridos. Me sentí bien y pude seguir con mi día.

¿Por qué me sentía tan mal ese día? Porque tenía miedo de enfrentar el futuro sin esas buenas personas a mi lado. Porque me aterraba experimentar la muerte de otro ser querido. Sin embargo, por sobre todo era porque me sentía culpable. ¿Qué más pude haber hecho por ellos mientras vivían? ¿Qué pude haber hecho para enriquecer sus vidas? ¿Qué cosas les había dicho con ira o frustración? ¿Con cuánta frecuencia había estado tan envuelto en mí mismo que había pasado por alto sus sentimientos, sus necesidades?

Con miedo de enfrentar el futuro, sintiéndome muy culpable para mirar el pasado, quedé atrapado en un incómodo y triste presente, sintiendo miedo y, en especial, sintiéndome culpable. La culpa es una emoción poderosa, una emoción dañina que nos roba la paz mental y, al actuar a través de la mente, también ataca nuestro cuerpo.

¿Qué podemos hacer para protegernos? ¿Cómo podemos hacer cambios y aliviar nuestra culpa?

No podemos resarcir el daño que hicimos a quienes han muerto, desde luego, pero podemos hacer bien por los vivos. Todo el bien que quisieras haberles hecho a tus seres queridos que hayan fallecido, hazlo por los que siguen vivos. Todo el gozo que deseas haber dado, dáselo a los que viven. Todas las cosas buenas que quisieras haber dicho, díselas a los que están con vida. Y todo el amor que tengas por los que han partido, dáselo a los que están contigo todavía. Dalo todo y mucho más.

Diles a tus seres queridos, tu esposa o pareja, tus hijos, tus padres, amigos, que los amas. Díselos hoy, mañana y todos los mañanas, en palabras y hechos, diles que los amas.

Asegúrate de mirarlos a los ojos cuando les digas que los amas. Tócalos. Tómalos de la mano, pon tu mano en su hombro, pon tu brazo alrededor de ellos. Haz que sientan el calor de tu amor.

No tengas miedo de dar de tu amor. El amor no es limitado como sí lo son el dinero y las cuentas bancarias. El amor es infinito. Cuanto más des, más tendrás. Verás, eres feliz cuando amas. Esa felicidad estimula la liberación de endorfinas y otros químicos biológicos que, en las cantidades correctas, elevan tu ánimo. La felicidad, los buenos sentimientos que resultan, ayudan a reducir tu soledad, temor, culpa y otros sentimientos negativos. Cuando amas, y cuando das de tu amor, te pones en un ciclo de retroalimentación positiva que beneficia a todos...

Parece como si ese día en el cementerio me hubiese alejado de la culpa, pero, en realidad, no. Me estaba sintiendo culpable porque no estaba seguro de haber hecho todo lo posible para expresar mi amor por mis seres queridos cuando estaban vivos. Me preguntaba quién más podría morir antes de que yo tuviera la oportunidad de demostrar mi amor por esa persona. ¿Por quién más me iba a sentir culpable?

Aquel día, decidí nunca más volver a sentir esa culpa, pues les diría a mis seres queridos que los amaba, en palabra y en hecho, hoy, mañana, y todos los días por el resto de mi vida.

Así que ama a los vivos. Honra a los vivos, anima a los vivos, dales gozo a los que están vivos y nunca sentirás la culpa que yo sentí aquel día en el cementerio".

Sí, dales gozo a los vivos. Dales gozo a tus seres queridos. Ahora, ve un paso más, dales gozo a los que no conoces. ¿Cómo? Hay muchas maneras. Los padres de Marty se unieron a *The Compassionate Friends*, una organización para padres que han perdido a sus hijos. Ellos se vincularon en busca de ayuda, pero se encontraron ellos mismos dando consuelo a otros padres acongojados. Con el simple hecho de estar ahí, hacían que los demás supieran que no estaban solos en su dolor. Por el simple hecho de estar ahí, ellos podían decirles a otros que de verdad sí sabían lo que se sentía. Por estar presentes, les daban a otros la oportunidad de llorar sin sentir vergüenza y de reír sin sentir culpa. Por estar ahí, ellos traían gozo a los vivos, a las personas que apenas conocían. ¿Qué mejor manera de honrar la memoria de alguien que trayendo gozo a los vivos? No tienes que tener sabiduría o perspectivas especiales, solo estar ahí para ellos.

Todos podemos honrar la memoria de nuestros seres queridos al darles gozo a los vivos. También podemos evitar otra muerte como la de ellos. Mi hijo menor, Bruce, debía conducir hacia el norte de California para un concierto con un amigo, Adam. Por alguna razón, Bruce no fue, pero un conductor ebrio arrolló el auto de Adam, quitándole la vida. Si tu ser querido murió por culpa de un conductor ebrio, únete a *Mother's Against Drunk Driving (MADD)*, bombardea a tus congresistas y senadores con cartas que exijan leyes más duras, habla en organizaciones civiles y escuelas. Si, como millones más, tu ser querido murió por un infarto, haz cruzadas para fomentar mejores hábitos alimenticios. Sabemos cómo eliminar la mayoría de las enfermedades cardíacas, así que puedes dar información y mantener viva a otra persona. Si tu ser querido era fumador y fue víctima de cáncer de pulmón, alborota el Congreso por dar subsidios a los cultivadores de tabaco. Haz que la vida de las tabacaleras sea miserable. Habla en escuelas primarias. Convence a un niño de no comenzar a fumar. Honra a los que han muerto al mantener con vida a alguien, así nunca sepas quién es esa persona.

Alivia la pena de otro al salvar una vida. Y, a medida que traes gozo a los vivos, recuerda que tú estás entre los vivos. Trae gozo a los vivos y a ti mismo al recordar todo el gozo y amor que *una vez* compartiste con los que han muerto. Espera, retiro lo dicho. No compartimos gozo y amor una vez con nuestros seres queridos, porque el amor y el gozo vive en nuestros corazones. Mientras lloramos, como es natural, no desviemos nuestra mirada interna de ese amor y gozo inscrito en nuestros corazones. Leamos de ese amor todos los días, por medio de nuestros corazones. No deberíamos guardar bajo llave nuestros buenos recuerdos solo porque están acompañados de tristeza.

Sanando el vacío en tu corazón

La madre de Marty, Miriam, escribió una carta al juez que en poco tiempo pasaría la sentencia a los ladrones que causaron la muerte de Marty. Describiendo el gran amor que tenía por su hijo fallecido, dijo que sentía como si en su corazón hubiesen hecho un hueco, como si su alma hubiese sido partida en dos. Ella también escribió que Marty siempre "les daba a los demás la esperanza de que todo iba a ser mejor y que siempre habría un mañana".

No hay más mañanas para los que han muerto, pero nosotros, los que seguimos con vida, podemos consolarnos en el hecho de que el tiempo suaviza el filo de la espada del dolor. Marty sabía que siempre hay un mañana. Incluso al llorar por los seres queridos que hemos perdido, esperemos el mañana.

CAPÍTULO DIEZ

≈

EL COMIENZO

"La felicidad depende de nosotros mismos".

—Aristóteles

Los científicos de la Universidad de Vanderbilt y el Instituto de Ciencias Weissmann en Israel han publicado un estudio que propone una nueva teoría. Ellos dicen que el óvulo humano emite una señal cuando está listo para ser fertilizado. Tras recibir la señal, los espermatozoides, que han estado esperando con paciencia en "áreas de espera", siguen la carrera hacia el óvulo.

Si eso es verdad, quiere decir que una de nuestras primeras acciones en la vida es emitir una señal, llamar aquello que deseamos. Nuestra vida comienza porque actuamos para atraer a nosotros lo que deseamos. Por desgracia, muchos perdemos el hábito de decirle al mundo lo que deseamos, sabiendo que lo obtendremos. Muchos estamos contentos con aceptar lo que surge en nuestro camino, esperando que no sea tan malo como tememos que pueda ser.

Volvamos al comienzo, digámosle al mundo lo que deseamos. Sin embargo, antes de hacerlo, debemos decirnos a nosotros mismos que merecemos las cosas buenas que deseamos, sabiendo en nuestros corazones que somos personas buenas y capaces. No perfectas, no infalibles, porque somos humanos, pero buenas, capaces y, por sobre todo, merecedoras de esas cosas.

Todo esto debemos creerlo. Como internista y cardiólogo que ha visto más sufrimiento del que pueda recordar, y como científico entrenado para identificar y destruir la enfermedad, puedo decirte con todo mi ser que la carencia de "corazón" es la peor enfermedad de nuestro tiempo. La falta de confianza en nosotros mismos, en nuestra bondad, en nuestras capacidades y en nuestra valía ha postrado a más de nosotros que cualquier enfermedad que conozca. La buena noticia es que la cura está donde está la enfermedad: en nuestros pensamientos, en nuestras acciones, en nuestro espíritu, en nuestro "corazón". *Podemos* ser felices, si elegimos serlo. *Podemos* ponernos en el camino hacia el éxito si elegimos hacerlo. La elección es nuestra.

Le digo esto a casi todas las personas que conozco. Muchos son incrédulos: "¿quieres decir que todo lo que debo hacer es ser feliz?", preguntan asombrados.

"Eso no es todo, pero es el comienzo", les respondo. "Los pensamientos positivos, junto con las acciones positivas, son la clave casi todo en la vida. Desarrolla la creencia y luego actúa en la confianza de ser una buena persona que merece lo mejor.

"Volvamos al comienzo", les digo. "A la primera cosa que hicimos en la vida. Enviemos un mensaje. Llamemos lo que queremos".

Algunas personas piensan que estoy loco, pero otros captan el espíritu. Se ponen a mi lado y dicen en voz alta: "¡quiero felicidad!, ¡quiero paz mental!, ¡quiero éxito!"

¿Sabes qué? "*¡sí funciona!*" Si tan solo pudiera embotellarlo y venderlo como medicina, haría una fortuna. Sí, hay virus y hay bacterias que atacan el cuerpo, algunos de ellos son graves. Sí, sufrimos lesiones que nos causan daños profundos. Sí, tenemos poco o ningún control sobre ciertas cosas en la vida. Con todo, tenemos la cura para los "gérmenes de pensamiento" que atacan nuestra mente. No tenemos que permitir que las lesiones en el cuerpo arruinen nuestra felicidad. Y, si no podemos cambiar la vida, podemos cambiar nuestra actitud hacia lo que nos sucede. *Es ahí* donde yace nuestro poder, en nuestras mentes.

Una corta nota...

Sobre el negativismo. Muchas personas les dicen a sus médicos cosas que no le dirían a nadie más. Escucho muchas "confesiones", además de gran cantidad de "porqués". Los "porqués son las razones que las personas dan para justificar la razón de tener o no éxito, ser o no ricos, ser o no son felices, estar o no casados y demás cosas. Diría que el 70 o 80% de los "porqués" que escucho son negativos. "No obtuve lo que quería porque alguien me lo robó". "Mis padres no me dejarían hacerlo". "Los asiáticos, mexicanos, negros, blancos, locales, inmigrantes obtienen todos los buenos empleos". "Ese gobernador aprobó una ley que nos mantiene abajo a las personas como yo".

Me estremezco cuando escucho los "porqués" negativos expresados con fervor y sentimiento. Tomando una pista del presidente Lincoln, a estas personas les digo, y siempre lo recuerdo para mí mismo, que:

No puedes curar la pobreza despojando a los ricos.

No puedes acabar con la tristeza al hablar mal de los felices.

No puedes fortalecer tu voluntad al denigrar de los fuertes.

No puedes instruirte tú mismo al insultar a los sabios.

No puedes ser más alto al achicar a los otros.

Los pensamientos negativos son cadenas que te atan.

Los pensamientos positivos son una luz que te guía hacia adelante.

Los PNAN (pensamientos negativos y acciones negativas) son una invitación a tener estrés mental, enfermedad física y desastre en cada parte de tu vida. Todos los días hay más y más evidencia de los peligros de los PNAN. Los PPAP (pensamientos positivos y acciones positivas) son siempre la mejor manera de enfrentar la vida.

SUPERCONCLUSIÓN

"El comienzo es la mitad de toda acción".

—Proverbio griego

Barry y yo terminamos nuestros seminarios con lo que él llama en broma nuestra SUPERCONCLUSIÓN. Creo que lo llama así porque siempre olvido mi parte e interrumpo las de él, así que a él se le dificulta mucho tratar de saber qué voy a decir yo.

A los asistentes, les decimos que los verdaderos fracasos en la vida son los que dan los mejores recuerdos. Ellos recuerdan todas las pequeñas heridas y problemas. Los perdedores del mundo saben qué es lo que no les gusta hacer. Los ganadores han encontrado qué les gusta hacer y salen a hacerlo. Los ganadores se concentran en salirse de su propio estilo.

Hablando de ganadores, hay un hombre que entró a un restaurante de comida de mar y le dijo al mesero: "mesero, me encantan las langostas. Quiero la más grande que tengan".

El mesero dijo, "sí señor" y volvió con una langosta grande.

A la langosta le faltaba una garra, así que el hombre le dijo al mesero: "mesero, ¡a esta langosta de falta una garra! ¿Cómo puede ser eso?"

El mesero respondió: "señor, esta langosta estuvo en una pelea".

Enojado, el hombre dijo: "mesero, ¡no quiero a la perdedora! ¡Tráigame la ganadora!"

Las personas de éxito suelen fallar de manera miserable antes de poder prosperar. ¿Qué es éxito? El éxito es la realización progresiva hacia una meta predeterminada y que vale la pena. En otras palabras, el éxito es encontrar una meta y trabajar hasta alcanzarla. Hablando de metas, nuestro filósofo favorito Yogi Berra, dijo: *"si no sabes hacia dónde vas, terminarás en otra parte"*. Otra persona igual de sabia dijo: *"si no sabes hacia dónde vas, ¿cómo sabrás que has llegado?"*

Hay muchas personas esperando el arribo de su barco, pero nunca han enviado uno. No solo eso, están esperando en el aeropuerto. Pero la persona PPAP, la que tiene pensamientos positivos y acciones positivas, sabe que siempre deberíamos unir nuestros pensamientos positivos con acciones positivas. La persona PPAP lanza su barco al agua en busca de una aventura.

¿Cómo alcanzamos nuestras metas? Primero, creyendo. Las Escrituras nos dicen: *"y todo lo que pidieres en oración, creyendo, lo recibiréis"*.

Este pasaje en realidad habla de pensamientos positivos, afirmaciones, mandatos. Las afirmaciones son, sin duda, uno de los elementos más importantes que puedes usar para cambiar tu vida. Las palabras y las ideas que pasan por nuestras mentes son muy importantes. La mayor parte del tiempo, no somos conscientes de este flujo de pensamientos, pero lo que nos "decimos a nosotros mismos" en la mente es el cimiento sobre el cual construimos nuestra experiencia con la realidad, nuestra cosmovisión. En otras palabras, en realidad tratamos con otros no según lo que ellos nos dicen, sino de acuerdo con lo que nos hemos estado diciendo nosotros mismos.

Así que, pueden suceder milagros si cambiamos nuestras percepciones. Podemos cambiar nuestra vida. Las escrituras nos dicen que los ojos son la lámpara del cuerpo. Si nuestros ojos son buenos, todo nuestro ser estará lleno de luz. Si nuestros ojos no son buenos, todo nuestro ser estará lleno de oscuridad. Una perspectiva negativa en la vida invita a la oscuridad de la enfermedad, depresión y muerte. Sin embargo, la perspectiva positiva sobre la vida atraerá mucha luz, dándote salud, felicidad y éxito.

En otras palabras, deberíamos darles a nuestras mentes una idea sólida y luego actuar de acuerdo a ese pensamiento. Si es necesario, debemos actuar, tomar acciones "internas", para ayudar a crear confianza. Nuestras mentes responderán si les damos la oportunidad.

Un ajuste espiritual

Los doctores no pueden curar el 90% de nuestras enfermedades, porque son problemas de "enfermedad de pensamiento", de psicoinmunología, problemas que comienzan con nuestros pensamientos y acciones negativas. La cura es darnos a nosotros mismos un ajuste espiritual. Como cualquier otro motor, el motor humano debe funcionar con suavidad. ¿Cómo lo hacemos? Con buena alimentación, buen ejercicio, buena vida y buena mentalidad.

Debemos reemplazar cualquier pensamiento débil con uno fuerte, cualquier pensamiento negativo con uno positivo, cualquier pensamiento de odio con uno de amor, y cualquier pensamiento triste con uno de gozo.

¿Son así de importantes nuestros pensamientos? Bien, nuestros pensamientos se convierten en nuestras palabras, nuestras palabras se convierten en nuestras acciones, nuestras acciones se convierten en nuestros hábitos y nuestros hábitos se convierten en nuestro carácter. De pensamientos a carácter, de carácter a bioquímica, de pensamientos a saludo o enfermedad, el camino es claro.

Marco Aurelio escribió: *"la vida de un hombre es lo que sus pensamientos hacen de ella".*

En Mateo leemos: *"conforme a vuestra fe os sea hecho".* ¿Conforme a tu fe en qué? Tu fe en ti mismo. Las personas te tratan de acuerdo a la manera como tú te tratas a ti mismo.

Ralph Waldo Emerson, cuyos grandes ensayos cambiaron las vidas de muchos para bien, llegó al centro del asunto cuando dijo: *"una (persona) es aquello en lo que piensa todo el día".*

Maxwell Maltz, el cirujano plástico que se hizo filósofo al notar que arreglar la nariz o la piel de las personas no las hacía más felices si se sentían feos por dentro, dijo: *"si mantienes tu meta positiva en la mente y piensas en ella en términos de hechos ya logrados, experimentaras sentimientos de triunfo".*

Napoleón Hill lo resumió cuando dijo: *"la mente del hombre puede lograr cualquier cosa que pueda concebir".* En Filipenses leemos:

Todo lo que es verdadero,

Todo lo honesto,

Todo lo justo,

Todo lo puro,

Todo lo amable,

Todo lo que es de buen nombre,

si hay virtud alguna,

si algo digno de alabanza,
en esto pensad.

Piensa en todas las cosas positivas. Di esas cosas, mira esas cosas, siente como se hacen realidad en tu mente. Piensa en el entusiasmo, la fe, el amor, el perdón, la perseverancia y todos los demás pensamientos buenos. Ten pensamientos positivos y sueña en las acciones grandes y positivas que vas a emprender. Piensa en esas cosas y haz que tu vida sea exactamente lo que quieres que sea.

Piensa en todo lo que es positivo.

Actúa.

Capítulo 1

1 Psiconeuroinmunología (psico-neuro-inmunología).

Capítulo 2

2 Scheier, M.F. *et. al. Coping with Stress: Divergent Strategies of Optimists and Pessimists.* Diario de Personalidad y Psicología Social, 51: 1257-1264, 1986.

3 Klopfer, B. Variabilidades psicológicas del cáncer en humanos. Journal Projective Techniques 21:331-40, 1957.

Capítulo 4

4 Rozanski, A et al. *Mental Stress and the Induction of Silent Myocardial Ischemia in Patients with Coronary Artery Disease.* New Eng. J. Med., 318(16): 1005-1012, 1988.

5 Gampel B, et al. *Urbanization and hypertension among Zulu adults.* J Chronic Dis 1962; 15:67.

6 Harburg E., et al. *A family set method for estimating heredity and stress.* I. Investigación sobre presión arterial entre personas afro en áreas de estrés elevado y bajo, Detroit, 19661967. J. Chronic Dis 1970;23:69.

7 Berkman LF, Syme SL. *Social networks, host resistance, and mortality: a nine-year followup study of Alameda County residents.* Am J Epidemiol 1979;1109:186-204

8 Elliot,R. *The dynamics of hypertension—An overview: Present practices, new possibilities, and new approaches.* Am Heart J 1988:116:583.

9 Dimsdale, J & Herd, J.A. *Variabilidad de los lípidos plasmáticos en respuesta a la excitación emocional.* Psychosomatic Med., 44:413-430, 1982.

Francis, K. *Correlaciones psicológicas de los indicadores séricos de estrés en hombres: Un estudio longitudinal.* Psychosomatic Med., 41: 617-628, 1976.

Capítulo 6

10 Los choques eléctricos pueden hacer disminuir la tasa de proliferación de linfocitos. Los linfocitos son miembros importantes del sistema inmunológico, "el ejército". Su capacidad para aumentar (proliferar) en respuesta a un desafío es una medida de la fortaleza del sistema inmunológico.

11 Janson, JD et al. *Los efectos del control sobre ruido de alto intensidad en los niveles de plasma cortisol en monos rhesus.* Behav. Bio. 16, 333-340 (1976), Abstract No. 5217.

12 Diener, CI and Dweck, CS. *Un análisis de impotencia aprendida: Cambios continuos de cogniciones de desempeño, estrategia y logro tras el fracaso.* J. Personality and Social Psy. 1978, 36, 451-462.

13 Peterson, C. et al. El estilo de explicación pesimista es un riesgo de enfermedad física: Un estudio de 35 años de duración. Journal of Personality & Social Psychology, 55: 23-27, 1988.

14 Antonovsky, A. *Unraveling The Mystery of Health.* San Francisco: Jossey-Bass, 1987.

15 Antonovsky, A: *El concepto de "sentido de coherencia" para descifrar el misterio de la salud: cómo las personas manejan el estrés y se mantienen saludables* (por A. Antonovsky) Jossey-Bass, San Francisco, 1987 (p. 191).

Capítulo 8

16 La incertidumbre, como recordarás, se refiere a temor, inseguridad y duda.

17 Friedman, HS & Booth-Keinley, S.: *La personalidad "propensa a la enfermedad"*. Health Psychology 42:539-555,1988.

18 Gotjamason. *Alteraciones en la estructura y función del órgano reticuloendotelial tras la administración de cortisol a ratones*. RES, Jour. of Reticuloendothel. Soc. 8:421-433, 1970.

19 Fauci, AS. *Corticoides y linfocitos circulantes*. Transplant. Proc. 7137-40, 1975.

20 Hunninghake, GW & Fauci, AS. *Reactividad inmunológica del pulmón*. Jour. Immunol. 118:146-150, 1977.

21 Las cinco virtudes las describimos primero en nuestro libro: *¡Despierta! Estás vivo*, Health Communications, Deerfield Beach, FL, 1988.

22 Agradable=una experiencia nueva, interesante y retadora.

23 Abril 7, 1991

24 Jaboda, M. *Conceptos actuales de salud mental positiva*. Basic Books, NY, 1958. And, Diener, E. Bienestar subjetivo, Psych. Bull. 95:542-575, 1984.

25 Rogers,Carl L. *Terapia centrada en el cliente, su práctica actual, implicaciones y teoría*. Houghton Mifflin, Boston, 1951.

26 Streak, S & Conye, JC. *Confirmación social de la disforia; reacciones compartidas y privadas ante la depresión*. J. of Personality & Social Psych., 44:798-806, 1983.

27 *Making Miracles*. Rodale Press. Emmaus, Pennsylvania, 1989.